大樂文化

大樂文化

大樂文化

如何看懂一支股票的

題材&故事

讓他在10年內，從20萬變8億

片山晃、小松原周◎著　易起宇◎譯

勝つ投資 負けない投資

推薦序1　關鍵資訊，致富關鍵　財經作家／梁亦鴻　009
推薦序2　掌握兩大股神的致勝關鍵　算利教官／楊禮軒　013
前　言　散戶之神V.S.投信之神，最誠懇的投資建言　017
序　章　**兩位股神的投資路，跟你想的不一樣**　021
—片山晃—沉迷線上遊戲的阿宅，竟靠股票賺進8億　022
—小松原周—不是商學院出身，卻一腳踏進基金經理人的世界　026
—片山晃—誰說散戶贏不過法人？別忘了你有機動性高的優勢　029
—小松原周—法人家大業大，但限制是……　033
—片山晃—我覺得，那些投資大師的方式不見得適合你　036
—小松原周—投機客勝率只有3%，投資家一年至少可賺7%，你得學後者　038

目錄
CONTENTS

第1部 「散戶之神」的致勝投資學 片山晃 043

第1章 我從小型成長股，找到賺錢的出路 045

我從什麼都不懂，就跟著大家玩當沖 046
為何我無法成為一流當沖客？ 049
為賺錢找新出路，開始長期投資小型成長股 051
找到最適合自己的投資方法，有訣竅 053
我的勝利手法是，捉住小型成長股初升段 055
依個性選擇這3種投資方式，才會贏！ 058
像金融海嘯這些事，都是你磨練賺錢的好機會 061

第2章 選股前，得先讀懂背後的題材與故事 065

買進「獲利快速恢復」的公司，讓我一檔股票賺3倍 066

為何買低本益比或低淨值比的「便宜股票」，賺不到錢？ 068
想像那家企業數年後的發展變化，就能找出成長股 071
該如何培養想像力？從你周遭的爆紅商品、排隊人潮開始想！ 074
多用疑問和好奇心來鍛鍊你的投資力 076
如何從企業財報數字，看穿這家公司的未來發展？ 078
每天廣泛蒐集產業資訊，就能發掘股票蘊含的題材 080
我鎖定中小型股投資，理由是…… 083

第3章

簡單題材、分散風險、反覆檢視，是我賺8億的關鍵 087

市場上有3種類型的賺錢股票，我買的是「超出期待」的那一種 088
股票不是放著就會漲，得先思考何時會漲 092
為何企業的題材與故事越簡單易懂，股價越會漲？ 095
買進3個以上的題材股，就算一個失準也不怕！ 097

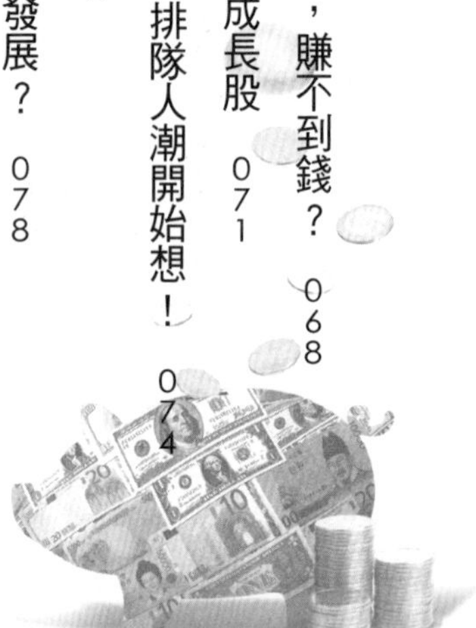

目錄
CONTENTS

機械式停損會錯殺股票，我只在題材消失後才停損　099
股神也有做錯時，反覆檢視是少賠的關鍵！　101
機會不是隨時都有，弄清楚風險就果敢進場　104
先由小勝利累積自信，再等待時機一決勝負　107
贏家、輸家只差一件事：對行情的敏銳度與應對能力　110
跟別人比績效，心易亂；找到自己的投資模式，錢易賺！　112

第2部 「投信之神」的不敗投資法 小松原周　117

第4章 學法人這樣「算股」，讓你的勝算倍增　119

鎖定業績持續成長的企業，即使股市暴跌也不心驚　120
什麼是「理論股價」？為何它是投資人買賣股票的重要依據？　123
法人最愛用的理論股價，是這樣算出來的！　125
別買進一直逃避市場邏輯、企圖低調的公司，因為……　131

法人天天拜訪企業做功課，你卻不知道經營者是誰嗎？ 135
投機者仰賴機率，投資者找出價值差距，你是哪一種？ 139
古語說：「富貴險中求」，其實買潛力股也是 143
中小型股的股價通常沒反映真正價值，所以更容易獲利 147
依照證券公司提供的訊息投資，失敗率高達6成！ 150
不需太在意景氣等外部因素，因為那些都是落後指標 153

第5章

學專家、大師篩選出成長潛力股的8個方法 159
方法1：了解社會2大趨勢，才能發覺一鳴驚人的公司 160
方法2：學基金經理人善於串連資訊，掌握產業動向 165
方法3：觀察公司的首要重點，是看經營者的想法與做法 167
方法4：企業有沒有競爭力？請留意組織文化是開放或專斷 172
方法5：持續以新技術與創意延續命脈的公司，值得投資 174
方法6：想獲得新鮮的投資主題，得從親身體驗出發 178

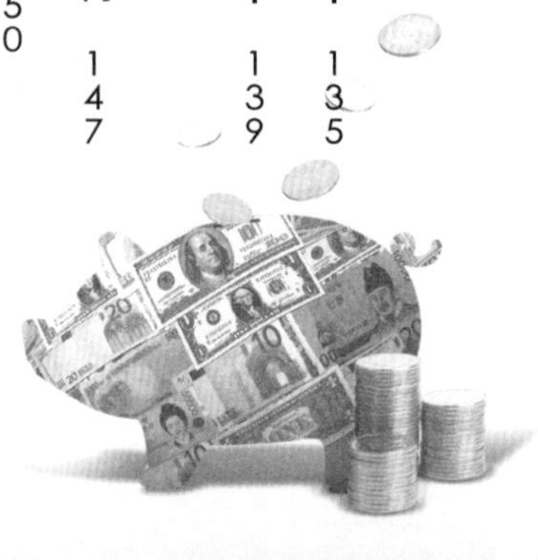

目錄
CONTENTS

方法7：勝利投資人的基本功，是檢視企業財務與營運狀況 182
方法8：怎樣分辨績優股與地雷股？請牢記各自的5大特徵 185

第6章 學6個勝利方程式，讓你擁有贏家心智 195

法人買低賣高的訣竅是…… 196
訣竅1：估算進場時機，看基本面，也看3種技術指標 198
訣竅2：長期投資持續成長的公司，勝過關注短期行情 207
訣竅3：想確認投資組合的風險，得找出股票之間的「相關係數」 211
訣竅4：我建構投資組合時，最在意的是企業軟實力 214
訣竅5：想分散和迴避風險，可以持有國外的股票與債券 217
訣竅6：看懂題材與故事，就知道股價會「上漲或收斂」到多少 221
真正的贏家，懂得金錢與人生的價值 225

後記 正因為股票背後充滿故事，投資更顯魅力 231

推薦序1

關鍵資訊，致富關鍵

財經作家／梁亦鴻

坊間有許多投資理財書籍，都希望讓小資男女輕鬆上手，學會各式各樣的投資策略與招式。這些書中提到的各種技巧，看起來的確沒那麼複雜，易懂也易學，但為何實際操作的績效遠不如預期？是自己悟性太差，沒學到精髓？還是作者有留一手，只教部分招式，沒傳授正確的心法？各門各派的投資秘笈，已經多到令人無所適從，更何況，還有俯拾即是、成篇累牘的網路資訊，讓你目不暇給！接觸的資訊越多，你可能越會感到困惑：「我投資的部位，到底什麼時候才會長出甜美的果實？」

多數投資人都知道，在制定商業和金融投資策略的同時，應該關心如何在風險中追求利益極大化，也就是在風險和利潤之間取得平衡點。這有一大部分取決於，投資人如何因應經濟環境的改變，進而做出適當的決策。他們也都明白，掌握目前所處的經濟環境，抓對趨勢並做出判斷，是投資人趨吉避凶不變的鐵律，但他們面對的各種資訊，雖然沒有之乎者也，通篇讀下來，搔頭弄耳、不知所云的，卻是大有人在。

有時文字讀懂了，卻不明瞭其中的弦外之音，這樣的一知半解，反而才是最可怕的。投資人可能因此做錯決策，本來是該賣出的訊號，卻誤以為是加碼的號角，那豈不冤枉！所以，如何正確解讀這些不斷變化的資訊，重點在於「關鍵」二字！

要掌握關鍵資訊，有哪些具體方法？這是眾多投資人迫切想知道的。有這種需求的投資人，都應該參看大樂文化出版的新書《如何看懂一支股票的題材&故事》。書中提到的觀念，有些可能是老生常談，不過兩位作者都以自己的親身經驗，重新演繹股市的操作經典，給我們不同的啟發。

此外，這兩位作者的組合也的確不同凡響——一位是跟大多數人一樣的散戶投資人，他靠著敏銳精準的投資邏輯，成為日本知名的「散戶之神」；另一位則是身經百戰、績效卓著、長年操盤投資從未失手、令人崇敬的「投信之神」。他們的實戰經驗分享，可以為現在還在股市裡跌跌撞撞、載浮載沉的投資人，提供一些指點。

經過沉思默想，再內化為自己的操盤策略，之後即使面對詭譎多變的金融市場，相信也能找到致富的機會！

推薦序2
掌握兩大股神的致勝關鍵

算利教官／**楊禮軒**

初次拿到這本在日本亞馬遜書店，創下股票投資類銷售第一名紀錄的書稿，翻閱了幾頁就深深吸引了我。本書是由「散戶之神」片山晃和「投信之神」小松原周，從散戶和法人的不同角度，分享如何投資成功的祕訣。

很多人都以為，散戶在市場上較為弱勢，其實散戶反而擁有外資法人欠缺的機動性。外資法人雖然有深入的資訊分析，但投資決策所需的時間，往往瑣碎且冗長，只要知道這種決策弱點，散戶也可以與外資抗衡。

兩位作者將他們在股市中成功的經驗分享出來，只要掌握這些要點，我們就能在市場上處於有利的位置。

1. **長期投資中小型成長股**：這類股票的股價往往尚未反映出真正價值，潛藏更多獲利空間；盡可能買得便宜，就算面臨暴跌也不用擔心；技術分析與基本面都要一起留意；投資獲利恢復速度快的公司，股價自然會大幅成長。

2. **找出適合自己的投資方式**：從親身體驗與周遭事物出發，廣泛涉獵各種資訊，獲取新的投資主題，這些都是進行投資判斷時很好的依據，同時也能降低被套牢的風險。關注現今社會發展的大趨勢，並培養對行情變化的敏銳度與應變能力；運用資產組合分散投資風險，方能勝出。

3. **投注時間與熱情，認真鑽研**：挖掘出淺顯易懂的題材，掌握投資機會；詳細檢視企業的財務與營運狀況；精準判斷風險與報酬之間的關係，若已經過縝密分析，便應勇敢進場。找出數字背後的故事與附加價值，並反覆檢視該標的是否值得繼續持有，假使遭逢股價下跌，也能冷靜應戰。

4. **重視企業的變化與組織文化**：想像該企業未來的可能發展，就能找出成長股。檢視企業能否保有競爭力，且持續以新技術或創意延續企業命脈，就有贏得高報酬的機會。

這本書值得所有投資人仔細閱讀，誠摯推薦給您。

前言

散戶之神 V.S. 投信之神，最誠懇的投資建言

全球金融市場在雷曼事件發生後，變得和過去大不相同。雖然各國央行為了刺激景氣，相繼採取前所未有的大規模貨幣寬鬆政策，但這些政策卻讓金融市場產生扭曲，接連引發許多以往的經濟學和財政理論無法解釋的現象。

在那之後，我們越來越常聽到所謂的社會兩極化。**人生勝利組和失敗組之間的差距變得越來越大，人們對未來工作的穩定性和薪資收入，也越來越感到不安。**對於面臨國家財政困難和少子高齡化問題，前途一片黯淡的日本人來說，這樣的不安應該會更加深刻吧。

再也沒有人能保障你的生活，你能仰賴的只有你自己而已。

正是因為這樣的危機意識，各位讀者才會拿起這本書吧。相信各位應該都已經注意到，**投資將是保障我們生活最有力的一種手段**。

本書是由終極散戶片山晃，和面對各種股價指數都能立於不敗之地的機構投資人小松原周，首次搭檔寫成。

在一起撰寫本書的過程中，我們都有一個共同想法，那就是**寫一本對投資人最誠實的書**。雖然現在市面上充斥著各類投資書籍，它們大多只著重投資技巧，反而很少提及投資人非知道不可的事。

透過本書，我們想傳達的是，**我們對投資真正的想法**。對那些初次認識投資表象與深層意涵的讀者來說，本書或許有些不太中聽的話，然而這都是我們真正想傳達的重點。

序章會先簡單敘述我們的個人經歷，以及在進入本文之前，想先告訴各位讀者的訊息。

第1章到第3章，片山晃將講述他成為知名投資客的心路歷程，並為大家詳細解說，他在這段過程中所獲得的寶貴經驗，以及實際採取的各種投資行動。此外，他也會提供非常多真心的建言。

第4章到第6章，則由我小松原周從法人的立場，為大家解說投資基本常識、選股方式，以及投資時必須具備的心理建設。我們希望各位在開始投資之前，都能先知道這些事。

在閱讀本書的過程裡，大家應該會發現我們的觀點有些出入。這正是我們寫作本書的目的：投資的世界不存在唯一正解。因此，沒有誰對誰錯的問題。**希望各位讀者能透過本書，一次學會片山式的「致勝投資」，以及我小松原式的「不敗投資」**。想了解投資的本質、提升投資技巧的人，相信都會在本書中找到很多新發現。

最後，衷心祝福各位讀者，都能得到股票之神的眷顧。

小松原周

序 章

兩位股神的投資路，跟你想的不一樣

片山晃

沉迷線上遊戲的阿宅，竟靠股票賺進8億

我初次進入股市時，手上的資金只有六十五萬日圓。這十年來，這筆錢已經暴增為二十五億日圓，但其實一開始，我並沒有打算成為有錢人。

當一個人抱持著特定目標時，只要那個目標一達到，他的挑戰就結束了。為了成為大富翁而開始投資的人，一旦真的賺到錢，就會思考要怎麼把這些錢花掉。

然而，我並未如此。這或許和我最初開始投資的契機比較特殊有關吧。

尚未踏上投資路之前的我，是一個每天沉溺於線上遊戲的阿宅。當時的我，早就應該從大學畢業，到公司裡上班，卻每天把自己關在房間裡，拚命地打著線上遊戲。

那時候還沒有智慧型手機，社群遊戲也還沒有出現。我玩的是當時最流行的單機版線上遊戲。

其中，我最沉迷的是一款叫做「RO仙境傳說」的遊戲。我把整整四年的青春都奉獻給了這款遊戲，完全呈現「網遊廢人」的狀態。

當時，此款線上角色扮演遊戲在日本擁有最多玩家，而我之所以會玩到如此廢寢忘食，就是因為我想在其中稱霸。

我投注龐大的熱情與時間努力鑽研，並嘗試了所有其他人都沒能實踐過的技巧，只為了培育遊戲中的角色。玩到後來，我甚至可以同時用兩台電腦操作兩個角色。

達到這種境界的我，因為自己是所屬遊戲伺服器中等級最高的玩家，感到非常自豪。至少在培養角色方面，我相信絕對沒有人能與我相提並論。

但是我突然發現，無論我在線上遊戲的世界裡再怎麼厲害，能得到的也只有自我滿足而已。因為對大多數玩家而言，線上遊戲不過是他們的一項娛樂或興趣。

雖然我一直不停鑽研，因此得以站上最頂尖的位置，當下也覺得這樣很酷、很有成就感，但之後便意識到：「在這個世界再怎麼努力也沒有意義」，心裡頓時充滿空虛感。

自從有了這種體悟，我漸漸遠離了線上遊戲。只是，我浪費掉的時間也已經一去不返。

我專科才讀一年就輟學，其他同學都已經大學畢業，開始工作了。站上虛擬遊戲世界頂端的我回頭看向現實，才發現我的人生早已面臨危機。

就在這個時候，我認識了股票投資。二〇〇五年，我因為看了一部以股票為主題、名為「金融小子BIG MONEY」的連續劇，從此踏進了股票的世界。

在看那部連續劇時，我一直心想：「這世上怎麼會有這麼有趣的事啊！」為此坐立難安的我，立刻到證券公司開設了帳戶。當時，我手上只有打工存下來的全部財產——六十五萬日圓。

實際開始投資後沒多久，我就被股市的魅力深深吸引。雖然投資失敗的虧損會直接對自己造成衝擊，但沒有任何人是為了損失而來。**所有人都是一邊夢想著成功，一邊承擔風險，拚了命地戰鬥。**

而且，投身股市的人，並非只有日本人而已。歐美人、亞洲人、中東人……，全世界的人都為了追求自身利益而激烈爭鬥著。

在這裡「反正我只是玩玩」之類的藉口並不適用。正因為大家都認真地想一決勝負，投資才顯得有趣，贏了也才有意義。由於再度找到值得投入的事，我不再感到迷惘。

到頭來，我就是喜歡和人一較高下吧。而且比拚的舞台越大，我就越興奮。十年前的那一天，我遇見了股市這個全世界最大、最高水準的線上遊戲，讓我的人生產生了巨大改變。

小松原周

不是商學院出身，卻一腳踏進基金經理人的世界

我目前在某家知名資產管理公司，從事年金基金和投資信託的操作。雖然我和片山晃都是投資人，但他是散戶，而我是所謂的機構投資人。

機構投資人是以投資作為職業的人。以我為例，我在一家資產管理公司任職，職務是基金經理人，手上運作著龐大的資金。

散戶操作的是自己的錢，而我操作的則是公司客戶存放的錢。因此，就算我投資失敗，我的財產也不會減少，只不過，如果我的績效太差，就會被公司開除。

我會進入投資這一行，其實偶然的成分居多。我學生時代讀的並不是經濟或財經相關科系，也從未想過要成為一名基金經理人。我以前念的科系和現在的職業，

可說是八竿子也打不著。我會當上基金經理人，真的是因為一些偶然的機緣，當我一腳踏進投資的世界，才發現這裡比我原先身處的世界更有魅力，於是越陷越深。

我這樣說，或許有人會覺得我很沒主見，但我覺得開始投資的原因並不重要。任何人都可以進行投資。況且，即便成了機構投資人，能否持續下去才是重點。

就像我前面所講的，如果基金經理人的投資績效不好，馬上會被公司開除。因為這份工作背負著客戶和其他公司同仁的期待，做不出成績的人當然得承擔責任。在日本的資產管理界，資歷超過十年的基金經理人會被稱作「十年選手」，但越是被這麼叫，職涯就越難以持續。

我能夠一路做到現在，都是因為我師父和身邊的前輩們幫了我很多忙。從事這份工作，會很焦急地想要做出成績，就算是專家，也有可能不小心誤判，導致績效惡化，被迫退場。這都是很稀鬆平常的事。我非常幸運，很早就學會如何快速地做出成績。

雖然基金經理人外表看起來光鮮亮麗，其實只是不停重複著單調的工作而已。

投資主題大多不會從天而降，只能靠我們自己一步步挖掘。做這一行如果沒有求知若渴的好奇心，就很難長久。事實上，那些在投資上獲得巨大成功的投資人，他們的共同點就是有著強烈的求知慾與好奇心。

片山晃

誰說散戶贏不過法人？別忘了你有機動性高的優勢

大眾最常對投資股票抱持的既定觀念，就是認為散戶一定贏不過專業法人，覺得自己就算投資，也只是變成專家口中的肥羊而已，那還不如一開始就別投資。

的確，法人是存在許多優勢。例如，擁有豐富的資訊。他們不僅能夠使用彭博社（編註：Bloomberg，一九八二年創立，目前已成為全球最大、最知名的財經新聞資訊公司，在全球擁有二十多萬名客戶，其中包括四百五十家報紙，像是《紐約時報》、《華盛頓郵報》等著名大報，都訂閱它所提供的財經新聞）那種高價的資訊媒體，也可以從有生意往來的證券公司旗下的分析師身上，獲取不同的見解和知識。

這些專業分析師能從證券公司領到高薪，就是要對負責企業做好資訊蒐集和分析的工作。法人可以隨時向他們徵詢意見，等於是好幾個專門進行投資判斷的腦袋串連在一起，在這一點上，散戶完全無法與之抗衡。

此外，法人的另一項優勢，是能夠與可能投資的企業董事長或主管會面，直接打聽到公司的實際經營理念和未來目標，有助於長期投資時的考量判斷。一旦成為像小松原周那樣的投資人，光是看到公司經營者說話時的眼神和表情，就可以知道，他們講的話到底是真的，還是現場胡謅的。

不過，法人還是有其弱點，那就是缺乏機動性。法人操作的資金通常金額都很大。雖然很多人以為，只要資金雄厚就勝券在握，但有時金額太龐大，反而會變成投資時的絆腳石。

而且，因為他們操作的多半是客戶的資產，所有的投資都必須公開，並肩負說明的責任。資產管理事業最重視信用，為了不讓他們用賭博的方式操作客戶寄放的重要資金，從事投資判斷的基金經理人和進行交易的證券商，都會受到各種規定的約束。

其中一項規定是，禁止投資流動性低的股票。這裡的流動性，指的是成交金額。以投資豐田汽車的股票為例，它某一天的成交股數有七百五十一萬股，成交金額則有六百二十六億日圓，即便用億日圓為單位來進行投資，也只需要一天或數天，就可以交易完畢。

但在上市企業中，也有一些一般人幾乎沒聽過的小型股。這些小型股的市值頂多只有數十億日圓，一天的成交金額頂多數百萬或數千萬日圓。有時候，甚至一整天都沒有成交半筆。

像這樣的股票，無論投資人想買進或賣出，都要花費一定的時間。這段期間，如果發行這些股票的公司發生任何意外狀況，投資人就會因為無法賣出股票，直接受到波及。因為這樣的風險實在太高，才會有「禁止投資流動性不達標準的股票」這項規範。

法人還有另外一項弱點，那就是全額投資的做法。幾乎所有投資信託或基金都會被規定，操作資金只能保留百分之幾的現金，其他都要用作投資。也就是說，即使操盤者覺得這波行情不太好賺，或是股價快要開始下跌了，他們也沒辦法賣掉股票，為下次的機會做準備。

或許一般人聽了，會覺得這些原則很蠢，但對資產管理業界而言，只要績效比市場平均好便算優秀。換句話說，假設今年作為指標的日經平均指數或TOPIX下跌了一五％，投資表現上只虧了一〇％的基金經理人，就算非常優秀。

然而，上述這兩點都是散戶難以理解的。只要是將來看似會上漲的好股票，即使缺乏流動性，也應該買進。當自己的寶貴資產正在減少時，沒有人會認為，跌得比指標指數少就算好吧？

提前發掘世人尚未注意到的股票，等待它的人氣出現。只要覺得股價會跌，就先賣掉，等它變便宜之後，再買回來賺取報酬。**這種能夠自然採取投資行動的機動性，正是散戶在面對法人時唯一的優勢**。如何運用這項優勢，將是決定投資成敗的重大關鍵。

小松原周

法人家大業大，但限制是……

就如同片山晃所描述的，法人隨時都要公開他們的所有投資，並對客戶負起說明責任。因此，他們在做出任何一個投資判斷之前，都必須遵循各種程序，機動性也就跟著變弱。以操作龐大資金的基金經理人來說，從他覺得某支股票很有趣，到他真正採取投資行動，通常都要花費一、兩個月的時間。

一般而言，法人會從各種資訊來源，以及各家企業過去的成績，挑選出他們有興趣的股票。到這裡為止，步驟和散戶幾乎完全一樣，但是接下來就大不相同了。法人會找屬意的企業經營者進行面談。當然，因為這些經營者幾乎都是大忙人，最快也要一、兩週後，才有辦法和他們見到面。

在面談之前的這段時間，法人會先繼續研究這家企業，整理出要提問的重點，比如經營者本身覺得自己是怎樣的人，自家公司的優勢是什麼，目前正在思考的經營策略是什麼等等。訪談結束之後，將這次面談的重點寫成一篇報告。

這篇報告將會在公司的投資會議上提出，和其他同事一起分享，並討論這支股票的投資趣味在哪。因為每位基金經理人擁有的資訊、分析能力和投資風格都不一樣，可以從不同角度去檢驗，這個投資主題是不是真的可行。如果會議上有什麼疑問未能當場解惑，就必須回去重新調查，日後再重新討論。

之所以要花費這麼多精力，主要是因為他們是服務業。他們用客戶寄放的錢進行投資，並收取手續費。投資股票不能保證一定賺錢，有時也會有損失。重點在於損失發生時，能否向客戶確實說明。

當他們被客戶問到：「為什麼你要一直留著這支虧錢的股票」，必須明確說出原因，告訴客戶：「雖然這支股票現在的確虧錢，但因為某某原因，我認為它應該值更高的價格。」為了盡到這個責任，必須先經歷前面提到的繁複流程，才能開始投資自己看中的股票。

既然他們這麼慎重地挑選股票，判斷錯誤的機率應該可以降低不少。但也因為如此，他們可能會錯失一部分原本能夠得到的報酬。從他們覺得某支股票不錯到真正投資，要花上一、兩個月，這段時間，其他投資人也可能會注意到這支股票的價值，等到他們出手時，股價早已高得嚇人。這種投資決策上的延遲，對法人來說，是一項很大的限制。

只要知道法人有這樣的弱點，即使是散戶，也能夠與之抗衡。小蝦米戰勝大鯨魚這種事，在股市中經常發生。

片山晃

我覺得，那些投資大師的方式不見得適合你

我之所以想寫這本書，是因為希望讓大家知道，股票其實並沒有那麼容易賺錢。不過，我也想告訴各位，在股市中能夠獲得勝利的，並非只有某些特定的人。任何人都有機會，全看你怎麼做而已。

此外，我還有一件事想先告訴大家，**那就是投資成功的方法不只一種，每個人都有他勝利的方式**。雖然書店充斥著不同的股票類書籍，那些由成功的投資客所寫，書名叫做「○○式投資法」的書，充其量只是他們自己成功的方法。

就如同田徑比賽也分為短距離、中距離、長距離或馬拉松，投資其實也有很多種不同的做法，每種做法需要的努力方式都不一樣。

我們必須先知道，自己最感興趣、最適合的是哪種做法，再開始進行投資。在掌握這些原則之前，光是閱讀「投資教主」所寫的書，反而可能變成自己成長的阻力。

我主張，**每個人最適合的投資方式，其實在開始投資之前就已經確定了。若想長期在投資上獲得成功，就必須先理解這件事。**因此，我在撰寫這本書時，除了說明具體的投資手法，也寫了很多我對投資的想法，以及投資時必須具備的心理建設，希望對各位讀者有所幫助。

小松原周

投機客勝率只有3%，投資家一年至少可賺7%，你得學後者

雖然這個問題很突然，但是大家知道小鋼珠店的毛利率有多少嗎？答案是大約三%。這三%的利潤，是從那些拚命來店裡光顧的客人錢包裡，用力擠出來的。這樣的毛利率暗示著，所有來小鋼珠店的客人一定都會輸掉三%的錢。如果是只贏個兩、三次就不玩了的人，還有可能在沒輸掉之前就先脫離這個錢坑，如果是玩了三百次、三千次的人，他們手上的錢一定會至少減少三%。

所以，每當有人跟我說，他做當沖從沒輸過，我都覺得那只是因為行情夠好的關係。這就跟以為自己打小鋼珠有賺到錢，是同樣的道理。

有些法人也會嘗試量化操作，用數學或統計分析的方式企圖提高獲利。曾經有

證券公司的人，向我介紹美國頂尖工程師開發的最新投資軟體。我利用歷史數據對它做了一下回測，發現如果按照這套軟體發出的買賣訊號做交易，一年平均可以賺七%的錢，但最後我還是沒有採用。

因為我認為，投資並沒有這麼簡單。**行情隨時都在變化，而其變動不一定有一致性，特定的市場要素也不會一直發揮效用**。比方說，今天高ROE股很熱門（編註：ROE〔Return On Equity〕，即股東權益報酬率，是衡量相對於股東權益的投資報酬指標，反映公司利用資產淨值產生純利的能力。計算方法是，將稅後淨利扣除優先股股息和特殊收益後的淨收益除以股東權益。此比例計算出公司普通股股東的投資報酬率，是上市公司盈利能力的重要指標），到了明天，這種股票的行情可能就突然變了個樣。事實上，那款號稱零失敗的投資軟體，才賺一年，隔年就將獲利全部輸了回去。

各位聽了這件事，應該就能了解，想透過短期交易賺錢，不斷地捕捉市場動向，即使是專業法人，也覺得這非常困難，更何況是散戶。如果不先理解這一點，在體會到投資樂趣之前，可能就會被股市逼到退場。

各位必須知道投資與投機有何不同，這部分之後會再詳述。

重點整理

- ☑ 投資主題不會從天而降，必須靠我們自己挖掘。
- ☑ 散戶的優勢是機動性高，能否善加利用，是決定投資成敗的重要關鍵。
- ☑ 股市行情每天都在變化，想透過短期交易賺錢並不容易。

編輯部整理

NOTE

THE UNITED STATES OF AMERICA
DD57683004 A

第1部

「散戶之神」的致勝投資學

片山晃

第1章

我從小型成長股，找到賺錢的出路

我從什麼都不懂，就跟著大家玩當沖

雖然有些人認為我非常擅長投資，但我敢說自己頂多是個二流投資客。即便我確實有些技術，只要一有機會，就會積極進場，但我並不覺得自己掌握了每次機會。

我剛開始投資股票時，明明什麼都不懂，就學著玩當日沖銷。我剛進入投資市場的二〇〇五年，正好是活力門事件（譯註：活力門公司因涉嫌違反《證券交易法》，遭到強制搜索，日本股市因此暴跌。事後，該公司董事長堀江貴文被逮捕，並判刑兩年六個月）發生的前一年，當時線上交易的熱潮越演越烈，每家雜誌都像發了瘋似地製作股票特輯，翻開來看，到處都是知名當沖客的版面。這時開始玩股票的我，自然也就照著這樣的投資模式進行。

當日沖銷指的是當天之內結束買賣的短期交易，不必承擔隔夜風險，能夠立刻看見投資成果。因此，**它一次交易能賺取的價差很小，必須一點一點地累積，而且得一直緊盯著盤勢看**。然而，在我剛進入市場的二〇〇五年前後，或者是之前安倍經濟學所帶動的大好行情之下，這種很難賺大錢的缺點就會暫時被掩蓋。

此時，新進場的人前仆後繼地出現，市場本身一直有新的資金流入，就好像餅變大了一樣。在這種情況下，資金充裕的投資菜鳥，就會被老手們視作口中的肥羊，段數高的人佔得先機，因此能夠不斷獲利。

但是，當行情進入新手不再加入的安定期，所有人要一起爭奪現有的大餅，贏錢就不再那麼輕鬆。然後當行情開始下跌，因為資金開始流出，導致整體市場的餅變小，就會進入連高手也賺不了錢的股市寒冬。

雖然讓日本的新創股票市場陷入長冬的活力門事件，發生在二〇〇六年一月，日經指數卻一直漲到二〇〇七年夏天才停止，可見當時的市場大餅有多大。

直到那時為止，我的資產也一直順利增加。

二〇〇六年年底，我辭掉原來的工作，開始當起專業投資客，當時手上的資金只有兩百萬日圓。但到了二〇〇七年十月，這筆資產就突破一千萬日圓，不到一年翻了五倍，效益著實驚人。

不過，我那時還沒有一套固定且穩當的投資手法，就連走勢圖也完全看不懂。單純只是覺得哪支股票會漲就買、會跌就賣。當市場大餅還在擴張時，這樣操作的確也能賺到錢。

因為突然賺了那麼多錢，讓我有種自己也有投資天分的錯覺。

為何我無法成為一流當沖客？

日經指數到達頂點，是在二〇〇七年的夏天，距離雷曼事件發生，還有一年多的時間。雖然當時股價已經開始下滑，但成交金額還是很高，市場看起來似乎還是有很多機會。

然而，從那時候起，我的資產已經不再成長。二〇〇七年十月，我手中的資金突破一千萬日圓，雖然曾經一度增加到一千三百萬日圓，但二〇〇八年八月，又回到了一千萬日圓。正當我因為一整年都沒增加半點資產，感到焦慮和恐慌時，發生了一件事。

當時，有一支名為「NET AGE」（現改名為UNITED）的人氣股，散戶都對它高度關注。它的股價變動很頻繁，所以我也時常加入戰局，但是我屢屢受挫，而且每次都是慘賠。

因此，在和網路上認識的投資人聚會時，我下意識地抱怨：「我真的搞不懂NET AGE耶！」沒想到，對方不但從未在它身上輸過，還聲稱自己很會分析它。突然有人如此自信地說，他很懂這支讓我完全沒輒的股票，我的腦子頓時一片混亂。回到家後，我也一直想著這件事，最後終於做出一個結論：我無法成為一流當沖客。

仔細想想，除了NET AGE以外，其他高手經常買賣的股票，我也都在它們身上輸得很慘。當市場擴大、人人都能賺錢的時期一結束，我就在不知不覺間，變成別人口中的肥羊。

發現這件事之後，我突然擔心起自己手上的一千萬資產。當我開始強烈覺得：「這樣下去不行，必須趕快想想辦法」，雷曼事件就爆發了。

為賺錢找新出路，開始長期投資小型成長股

看著日經指數瞬間腰斬，我首次開始擔憂自己的人生。原本我還很樂觀地想著，反正現在景氣好，就算投資股票行不通，我只要和平常人一樣工作就好。然而，當我看到許多認真工作的人，也因為這波突如其來的經濟大蕭條而失業時，我發現自己只能繼續走投資股票這條路。

縱使我心裡這麼想，還是找不到可以賺錢的方法。雷曼事件發生之前，我已經贏不了了，之後又怎麼可能贏。當時，我每天靠著一種名為「scalping」（編註：俗稱「搶帽子」，專做差價或套利交易。每次scalping所得到的利潤通常都很少，必須靠著龐大的成交量與頻繁交易，才能獲取可接受的利潤。由於市場價格不斷變

動，scalping的時間很短，有時甚至只有幾秒鐘的時間）的超短期交易餬口度日，同時思考著未來市場將如何變化。

能夠確定的是，要回到以前的交易量，一定得花上很長的時間。對當沖客來說，資金流動的多寡決定了自身的生死，而當時的市場幾乎等同於一灘死水，很難有新的資金流入。我假設這種態勢至少會持續好幾年，因此調整了今後的作戰方式，那就是**對划算的股票進行長期投資**。

會這麼做，原因其實很單純：一年前價格還那麼高的股票，現在都已經跌到令人難以置信的低價。我心想：「這當中有些股票若是現在先買起來，以後或許會賺。」我本來就很關心各家企業的業績，每天都會閱讀投資雜誌和財經報紙，這時又對此投入更多心力。

即使到了現在，我都保有閱覽公開資訊（註：由上市企業所提供的單季結算或業績預估等重要公司資訊）的習慣。就這樣，我開始採用新的投資手法，而這也和我現在長期投資小型成長股有關。

找到最適合自己的投資方法，有訣竅

本書一開始，我就說過，投資手法五花八門，要選擇哪一種，不能一概而論。因此，在看待書中的一些想法和具體做法時，請大家務必認知到：「這只是片山晃剛好用得很順利的方法而已。」

投資會反映一個人的個性。此外，生長環境或目前的家庭狀況等等，也會造成每個人對風險的看法大不相同。所以，**各位必須自行找出適合自己的投資方式。**

那麼，要如何尋找適合自己的投資方式呢？其實很簡單，**只要實際嘗試各種做法，並從用過這些方法的前輩們的部落格或書籍，學習他們的思考模式，直到自己覺得可行為止。**我也是花了五年時間，才找出最適合自己的做法。

不要用能否賺大錢或輕鬆賺錢的角度，來決定自己的做法。日本知名投資客中，有一位暱稱「BNF」的人（註：推估擁有超過三百億日圓資產的散戶，因為JCOM股交易失誤事件聲名大噪，甚至曾經以「JCOM男」的名號上遍各大媒體），才三十幾歲就賺進幾百億日圓，是個傳奇人物。然而，我絕對不會模仿他的做法。因為，從我過去的經驗就知道，就算學習他的做法，我也不可能像他賺那麼多錢。雖然我不全然了解他的做法，但我寧可相信，他真的有交易方面的天賦。

我相信，不是每個人都跟我一樣，喜歡仔細檢視每家企業的業績，也一定有人具備像BNF般的獨特直覺，能夠捕捉股價的脈動。這個部分，應該是每個人應該思考的事。

一般股票新手參考的投資類書籍或雜誌所論述的方法，幾乎都是依照當時最暢銷的模式書寫而成，內容千篇一律。因此，應該有不少人一直沒能找到真正適合自己的方法。針對這些人，我建議多利用網路等媒體，主動研究各種投資人的類型，盡快找出屬於自己的投資模式。

我的勝利手法是，捉住小型成長股初升段

我目前最主要的投資手法，是捉住小型成長股剛冒出頭時的股價變動，對它集中投資。這種做法，必須經常留意普通人很少關注的小型股，並思考世界未來的趨勢。因為這類企業大多會特別強化特定商品或服務，很可能哪天正好搭上時代風潮，業績和評價也跟著完全改變。

例如，東日本大地震之後的節能科技，電腦方面的雲端或物聯網，以及最近的汽車自動駕駛系統等等，都算是時代風潮。如果從更宏觀的角度來看，二十一世紀開始的網路革命，或許可說是目前仍在盛行的風潮。預測這種或大或小的世界變化，以股票的形式搶奪先機，是投資成長股時的基本原則。

採用這種投資方式，時間再多都不夠。這不像是學校作業，只要做完規定的範圍就好，而是只要有心，每年三百六十五天、每天二十四小時，都有事可做、有事可想。因此，我這種做法，可能只適合本來就喜歡思考世界局勢、企業興衰，為這種事花再多時間也不會厭倦的人。

我也不知道要怎麼做，才能成為這樣的人。在我們公司今年的新進員工進入公司之前，我就提供他企業融資的相關教材，先讓他對關注企業價值等事產生興趣，再開始投資。現在他就算從早到晚閱讀企業財報也不會厭煩，可見他的確具有驚人的潛力。

東大的股票社裡，曾經出現過一位如同專業分析師般，不斷對大型股進行企業價值評估的學生，但他後來反而積極投資價格劇烈變動的新創企業股票，並從中賺得高額報酬。有些人就像這樣，在更深入了解股市之後，自身的興趣也隨之改變。

如果各位想和我使用同樣的做法，就必須有投入大量時間和熱情的覺悟。而且，必須先經過好幾年，才會進入收穫期。

不過，若問我是不是過了好幾年苦行僧般的日子，我的答案是否定的。因為我只是為了投資，更深入鑽研原本就關心的企業業績研究與分析而已，我一直都做得很開心。前面提到的那位可以不停閱讀企業財報的公司新人，也是一樣。我想這就是所謂的適合吧。

依個性選擇這3種投資方式，才會贏！

如果不適合這種扎實的準備作業，但又不具備看出價格動向的敏銳直覺，該怎麼辦才好呢？

答案很簡單，只要放棄靠投資賺大錢就好。找不到適合自己的投資方式，卻懷抱著賺大錢的願望繼續投資，這樣不只不會賺錢，還會損失連連，非常危險。

雖然這話聽起來很無情，但我真心覺得，有些人的性格就是不適合投資。不過，這種人可能適合往體育或美術方面發展，或者是自己創業。他們只是剛好不適合投資而已，只要朝其他領域努力就行了。

至於那些即使如此，還是想在投資上勝出的人，可以考慮以下三種做法。

1. 對自己不適合投資有自覺，並磨練出不需勉強自己就能賺錢的方法。

2. 找一個自己信任的專家，請他協助操盤。

3. 為了在投資上求勝而抹滅自我性格，盡可能符合能夠勝利的性格。

1是蒐集各種穩定且普遍適用的手法，雖然沒辦法大賺，但可以在不同情況下，有效地使用這些方法。因為我自己沒試過，無法對此給予適當的建議，但像是重視企業淨資產價值的價值投資，以股息殖利率（編註：每股股息除以每股股價）為基準來選擇股票，或是平常準備好厚厚一疊現金，等到行情大跌時再進場等等，我想應該有很多方法。

2說得簡單點，就是購買投資信託。市面上有很多這方面的專業書籍，這裡就不多做解釋。

3是最痛苦的一種做法。很多人會投資失敗，就是因為沒辦法下定決心，執行自己認為正確的事。最典型的情況就是，明明股價一直下跌，完全沒有上漲的跡象，卻因為不願認賠，只能眼睜睜地看著股票被套牢。理解和實際執行之間有很大的差距，要消弭這段差距並不容易。

適合玩當日沖銷的人不會躊躇。一旦他們覺得股票會跌，就會立刻賣出。即使是曾經虧損而賣掉的股票，他們只要覺得它又要漲了，就算買價比之前的賣價還高，也會毫不猶豫地買回來。這些人能適當處理普通人心理上很難做到的事。

相對地，**長期投資時，就算目前價格走勢和自己認定的未來企業價值有些差距，仍堅持加碼買進，也需要一定的勇氣**。這和進行當日沖銷時，那種上漲就買、下跌就賣的想法，似乎背道而馳。

縱使我們覺得自己不適合某種投資方式，如果它可以賺到更多錢，我們就必須努力改變自己。進行長期間投資，一定會在某處遇到阻礙，若想成為專業投資人，就得有這樣的覺悟。

像金融海嘯這些事，都是你磨練賺錢的好機會

如同前面所說，光是要找到最適合自己的投資方式，可能要花上好幾年的時間。接著，要把這種手法磨練到純熟，又得再花上很長一段時間，有些人會因此半途而廢。

如果你已經明白這種情況，卻還是對投資抱有一點點興趣，並且已經進入這個世界，請千萬不要放棄，繼續投資下去。畢竟人生真的很長，在我們有生之年，股市應該還不會從這個世界上消失。

這段期間，肯定還會有很多事發生。光是我開始投資股票的這十年裡，就發生過網路交易熱潮、活力門事件、次級房貸問題、雷曼事件、東日本大地震和歐債危

機。更讓人感到意外的是，日本在實施安倍經濟學和貨幣寬鬆政策之後，日經指數竟然還有機會衝破兩萬點。

若將時間再往回倒轉十年，那時候發生了ＩＴ網路泡沫（註：一九九〇年代後半開始，美國發生以ＩＴ產業股為主的股價泡沫。日本在二〇〇〇年前後，股價暴漲）。再往回推十年，則是日本的泡沫經濟崩壞。這些都只是這三十年左右的事。我今年也才三十二歲而已，我還會再看著股市好長一段時間，不知道何時何處會有什麼樣的機會在等著我，或者遇到什麼我不得不面對的情況。

如果真是如此，能早一點認識投資也好，而且一旦開始了，就一點一點地持續下去比較好。更何況，在投資上學到的知識和觀念，也可能會在工作上發揮意想不到的功用。

至少我敢很自信地說，此時此刻，各位對投資股票有興趣，因為某種緣分拿起本書閱讀，就已經比其他人更前進幾步了。

重點整理

- ☑ 只要不斷嘗試，每個人都可以找到適合自己的投資方式。
- ☑ 片山晃的致勝投資法：抓住小型成長股初升段，並集中投資。
- ☑ 長期投資時，即使股票尚未反映真正價值，也要有堅持的勇氣。

編輯部整理

第2章

選股前，得先讀懂背後的題材與故事

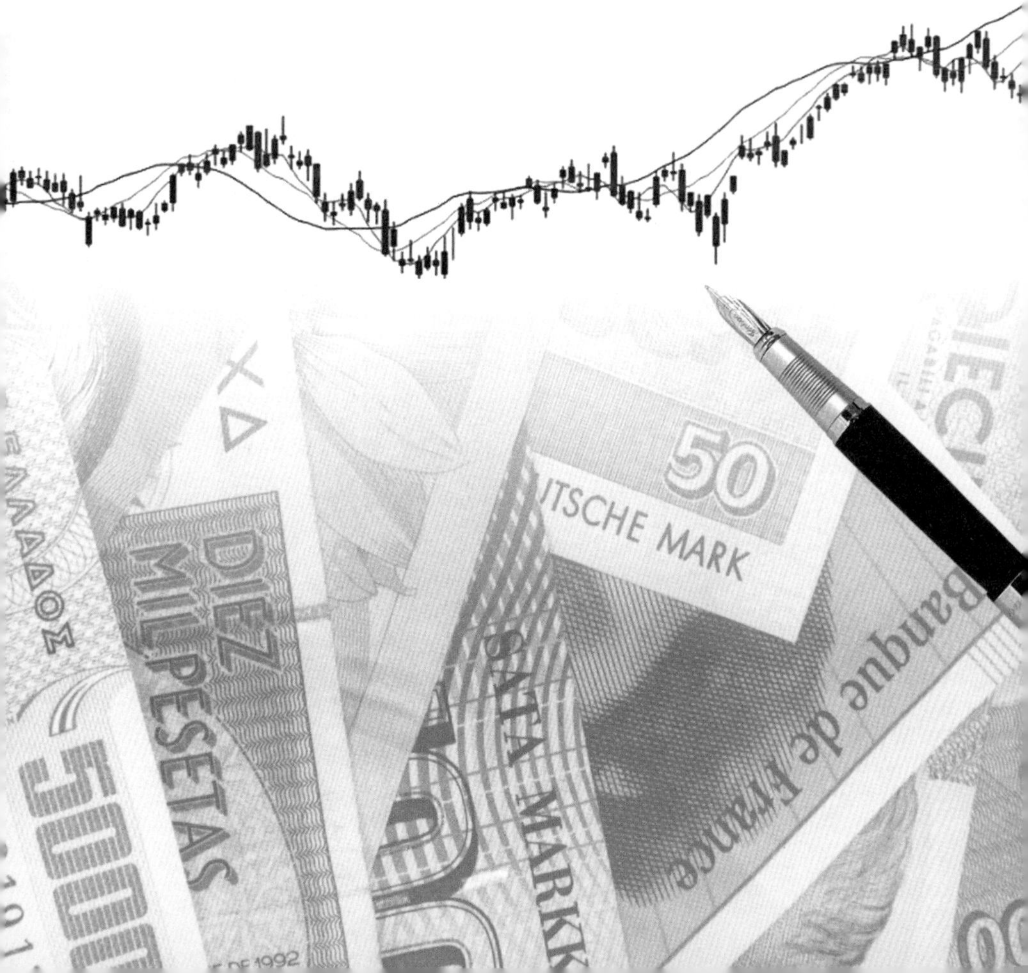

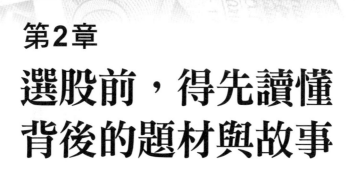

買進「獲利快速恢復」的公司，讓我一檔股票賺3倍

在實際開始投資之前，首先會碰到的問題，就是要投資怎樣的股票。

雖然我是從雷曼事件之後，才開始投資價格划算的股票，不過我對划算的定義，一直隨著時間在改變。

講到投資划算的股票，每個人的認定方式應該都不同。其中，在日本最廣為人知的是價值投資。**價值投資最重視企業的淨資產，也就是所謂的清算價值。**

我剛開始投資划算股票時，主要是以價值投資為考量。當時的我，一點經驗也沒有，只想試著投資看看，失敗的風險當然很高。因此，從相對安全的價值投資開始做起，是很適合的做法。

雷曼兄弟事件發生後，許多日本股票的PBR（註：股價淨值比（每股價格除以淨值所得））。當PBR為一倍時，其股價就等於清算價值）都下降到令人難以置信的〇・二倍或〇・三倍。

二〇〇九到二〇一〇年，我試著廣泛投資這些股票。結果，其中有幾支股票獲得了很大的成果，股價比我剛投資時成長了兩到三倍，但也有些股票沒漲多少就停滯了。**這些股票之間的差別，其實只在於它們的獲利恢復速度。**

獲利恢復速度快的股票，股價會大幅成長；獲利一直低空掠過的股票，股價則會停滯不前。自從有了這項認知，我開始轉為重視企業EPS（每股盈餘）的成長。

為何買低本益比或低淨值比的「便宜股票」，賺不到錢？

雖然低ＰＢＲ的股票該上漲時都會漲，而且還具有貶值風險低、能夠穩定獲利的優點，但身為專業投資人，我必須在短時間內得到相當報酬，所以這不能算是最好的投資方法。

因為低ＰＢＲ的股票缺乏變化，沒辦法用來賺大錢。

企業擁有的淨資產，是它過去的營利累積。簡單來說，假設一家企業最初擁有十億日圓的淨資產，並且每年穩定產出一億日圓的淨利，這家企業只要經營十年，淨資產就會增加到二十億日圓。

即便雷曼事件讓這家公司出現兩億日圓的赤字，它的淨資產也還剩下十八億日圓。只要從隔年開始，還能繼續每年賺一億日圓，兩年後，它的淨資產就又會回到二十億日圓。如果它繼續經營三十年、五十年，因為計算淨值比的分母越來越大，單一年度的損益對淨資產的影響就會越來越小。

因此，只要沒發生什麼大事，淨資產一年內不會有太大變化。也就是說，就算我今天找到一支PBR只有〇．三倍的股票，也沒有什麼意義。因為一年前覺得這支股票便宜，一年後再看，恐怕仍是如此。

股價隨著獲利增加而成長是理所當然的事，如果一家企業持續穩定獲利，股價卻產生變動，帶動這種變化的不是企業本身，而是投資人。有可能是因為行情變好了，投資人的心理狀態改善了，即使該股票的PBR從〇．三倍變成〇．四倍，投資人還是會覺得很便宜。

應該可以說，雖然進行價值投資，的確能夠選出值得投資的股票，最後股價上漲與否，還是得看整體行情。

此外，因為價值投資仰賴的是淨資產這個普遍指標，任何人依此進行篩選，最後得到的結果一定都一樣。

以低PER（編註：本益比〔每股價格除以每股利潤所得〕）股票為主的投資，也是同樣的道理。無論PER有多低，只要該企業缺乏變化、業績穩定，就不是適合的投資對象。

重點在於，PER未來會怎麼變化。即使某支股票現在的PER是三十倍，只要公司明年的獲利變為兩倍，它的PER就會下降成十五倍。如果繼續這樣翻倍成長，兩年後，它的PER就會下降到七．五倍。

對於成長股的未來價值預測，會因人而異。認為它的高速成長不可能持久的人，或許會覺得，能穩定產出利潤的低PER股票比較有吸引力，但是認為這樣的情況至少能維持數年的人，會預期它未來的PER將降到只剩現在的三或四倍。

股價就是這樣在眾人的預測互相衝突之下形成。因此，有變化產生的企業，股價會變動，沒有任何變化的企業，股價則會一直在低檔徘徊。

想像那家企業數年後的發展變化，就能找出成長股

我現在對划算的定義是「一支股票預期會實現的EPS，和它目前的股價相較是否划算」，所以我的投資對象一定是成長股。

經常有人問我，怎樣才能看出哪些股票是成長股。但就像我一直拚命說明的，除了重視企業的變化之外，別無他法。

至於哪些企業變化會影響到股價？原因有很多，但最容易了解的，應該還是決算財報上的業績數值。

原本營收一直穩定成長一〇%的企業，今年突然成長二〇%，這就是所謂的變化。

不過，變化更重要的是它的內涵。如果只是匯率走貶造成的業績成長，就不一定是這家企業特有的變化，其他企業應該也會有相同的成長。這種成長某種程度上很容易預期，所以投資人不會太過訝異。

但**若是新商品大賣帶來的業績成長，那就是很重大的變化**。雖然目前的營收只成長一〇％，**如果這項商品的市佔率不斷擴大，就可能對企業業績造成巨幅影響**。

當我們注意到變化的端倪時，一定要好好運用想像力。想像從一、兩年後的未來，回顧現在的狀況會是什麼樣子。

這項商品是曇花一現，只有一開始才大賣？還是變成能夠改變世界的劃時代商品？當任天堂發售遊戲機NDS、蘋果發售 iPhone、手機遊戲「龍族拼圖」剛推出時，我們是否預期到它們今天的盛況？

我心目中的想像力，和預想、預測不太一樣。**對我來說，發揮想像力是從某個現象廣泛探討所有的可能性**。

比方說，如果有人在賈伯斯做電腦時，就說他未來會開發出 iPhone 這項改變世界的產品，這比較偏向占卜或預言。

如果有人從 iPhone 剛發表時，就預期到蘋果現在的狀況，這便屬於預想或預測的範圍。此時，要將蘋果的股票作為投資主題而買進，也是可行的。

相對地，如果實際去看 iPhone 發售後的業績，並思考它的氣勢會延續到哪裡，這種思考能力才是我定義的想像力。

該如何培養想像力？從你周遭的爆紅商品、排隊人潮開始想！

我們該如何培養想像力呢？我想，唯有不斷蒐集現實中發生的各種現象。

二〇〇五年冬天發生的ＪＣＯＭ事件，讓那位ＢＮＦ一夕爆紅。瑞穗證券因為下單失誤，不慎將「每股以六十六萬日圓賣出」的交易，誤植為「以一日圓賣出六十六萬股」。

當時，我即刻目睹這件事，卻連一股也沒有買進。因為那時我根本不了解下單錯誤這樣的概念，沒有任何資訊能讓我發揮想像力，去思考當下發生的事代表何種意涵，以及這當中蘊藏怎樣的機會。

然而，那些知道前一年，電通廣告公司發生過大規模下單錯誤的投資人，在看到JCOM公司股票的賣量遠超過該公司的已發行股數時，就知道這是一個前所未有的賺錢機會。過去的經驗告訴他們，下個瞬間，會有為了買回錯誤賣出的股票的龐大買壓出現。

東日本大地震發生後的那段時間，乾糧和防災用品在全日本熱賣。同時，也有許多人開始注意地震保險或房屋的耐震性。這些例子，也是因為一件事喚醒了大家的想像力。

人們很難對自己從沒見過、從沒聽過的事物發揮想像力。然而，歷史會重演，所有事件都有一些共同的規律存在，只是我們可能忽略或不知道而已。

成長突飛猛進的企業、爆炸性熱銷的商品、突然爆紅的搞笑藝人等等，這世界上發生的所有事，都是我們培養想像力的食糧。

關鍵在於態度：會好好捕捉它們，還是只視作單純現象，讓它們從眼前白白溜走？

多用疑問和好奇心來鍛鍊你的投資力

對我來說，**投資是一種填補現在和未來價值間差距的行為**。它除了讓我運用察覺變化的能力，也使我擁有思考未來的發想力和想像力。

對於稀鬆平常的小事，只要抱持疑問，就能成為投資力的來源。

比方說，在每天回家的路上，都看到一家餐廳大排長龍，我會思考，它為什麼每天生意都那麼好？

生意是什麼時候開始變好？是哪一天開幕？是否一開幕就天天排隊？開始大排長龍的前後，有發生什麼事嗎？

因為料理變好吃、服務變好、宣傳變好，或者只是人們的喜好改變了？

想著想著，我突然往對面一看，一棟新蓋好的大型賣場出現在我的眼前。我心想：「什麼嘛，原來是這麼回事啊！」

結果，只是因為附近新開幕的賣場為這家餐廳帶來人潮，但至少這件事讓我發揮想像力，並且得到答案，也算是不錯了。

如果這家餐廳在其他地方的連鎖店也大排長龍，就表示它具有龐大的投資潛力。

即使這次的結果令人失望，**只要繼續這樣對世間的各種變化抱持疑問，總有一天會掌握住巨大的時代潮流。**

大約從三年前開始，在捷運上玩手機遊戲的人變得越來越多。

當時，我稍微瞄了一下這些人的手機畫面，看起來好像是蒐集物品的遊戲。坐在我對面的人，玩的也是同樣的遊戲，剛才一起等車的人也是。他們玩的到底是什麼遊戲呢？**能像這樣留意四周的人，現在或許都已經成為億萬富翁了。**

如何從企業財報數字，看穿這家公司的未來發展？

前面提過，要從企業的決算財報中檢視業績數值的變化，但那頂多只是一個開始而已。就跟尋找低PER或低PBR的股票沒什麼用一樣，一般人就能做到的數字分析也沒什麼價值。再說得正確一點，雖然分析還有些許價值，這些價值終究會消失不見。

大家應該都知道，現在的人工智慧技術發展得很快，因此引發「未來許多職業會被人工智慧取代」的話題。若這樣的技術被應用到企業分析上，就分析速度和涵蓋範圍而言，人應該沒辦法贏得過電腦吧。

每逢三個月一次的季度決算，日本三千五百家上市企業，大多會在這一個月左右的時間內，陸續發表決算財報。一個普通人要在這段期間，仔細看完每家企業財報上的每一項數字，基本上是不可能的。但如果運用人工智慧，未來或許就能做到。

即便沒有這樣的技術，正如序章所提，散戶在分析方面，也居於相對劣勢。就算進行相同的分析，分析時必備的資訊和消息來源也完全比不上法人。所以，散戶最好避免和法人在這個領域裡較量。

不過，**看穿未來發展的能力，可說是人類才擁有的智慧，電腦科技目前應該還沒辦法取代，而散戶和法人在這一點上，也不會有太大差別。**

因此，就我自己而言，比起單純的數字分析，我要做的是，從數字背後的故事找出投資的附加價值。

誠如先前所說，不斷地閱讀企業財報，注意其中的業績變化，並對這種變化為何會發生抱持疑問，然後思考出一個答案。

每天廣泛蒐集產業資訊，就能發掘股票蘊含的題材

為了從眼前的業績數值變化，正確判斷它發生的背景，並推測出未來走向，擁有多少作為判斷基準的依據，將變得相當重要。

日本老牌家電量販店Laox的股價，從二〇一四年年底開始的半年內，飆漲了七倍。這家企業雖然在家電量販店的競爭中敗北，自從它在重建過程中被中國同業收購後，便轉型為以中國觀光客為主的免稅店。

接著又正好遇上日圓走貶的加持，讓它一躍成為觀光類股的代表，從原本連續八期赤字，轉為創造十七．三億日圓營利的成長股。

我現在之所以能這樣解說，是因為我了解它的發展。然而，在它二〇一四年八

月上修預估業績時，我根本沒想到它成長得如此快速。即使握有國外觀光客劇增的資訊，我也不知道它成功轉型成免稅店，甚至吸引大批中國觀光客前來消費。

就連看到它上修預估業績時，我都沒有太大的感想。不過，知道這些事的人，一定會在此時將所有相關資訊都串連在一起。即便是同樣的資訊，也會因為接收的人不同，而有完全不同的看法。這當中潛藏了賺取龐大利潤的機會。

為了找出這種機會，投資人平時必須廣泛蒐集各領域的資訊。

因此，我非常重視閱讀報紙這件事。雖然現在網路上的資訊要多少就有多少，從消息的即時性來看，報章雜誌等平面媒體似乎顯得一無是處。然而，因為網路沒有任何版面或時間的限制，反而四處都是資訊，逼得我們必須自己判斷，哪些才是真正重要的資訊。

就這一點而言，報紙只需要每天閱讀一次，而且能夠一次接收所有報紙編輯認為應該報導的重要資訊。這種「接收」的感覺非常重要，因為當人們主動想要獲得某些資訊時，都多少會參雜個人的喜好，很容易限縮獲取資訊的範圍。

因為越廣泛涉獵越好，投資人很適合從報紙這種被動給予全面資訊的媒體取得資訊。

雖然蒐集資訊的方式因人而異，**投資人都應該廣泛接觸不同的資訊和價值觀，盡可能推敲出更多現象的答案。**

我鎖定中小型股投資，理由是……

為何股市會發生像Laox這種戲劇性的股價變化呢？因為，這支股票根本沒有被投資人注意到。老實說，我甚至一度以為有人刻意炒作，但因為它的業績一直處於赤字，早就被所有投資人棄之不顧，它的變化才會轉變成股價上的驚喜。

高市值的大企業股票幾乎不會發生這種事，因為這類企業股票會有很多投資人關注，任何變化都會受到矚目。此外，大企業的資訊透明度很高，有非常豐富的資料可以推敲企業每季發表的財報內容。舉例來說，日本電信業者ＤＯＣＯＭＯ和ＫＤＤＩ，會公布它們每個月用戶數的增減數字；製造業則會公開每個月的生產和訂單狀況。

再者，證券公司的分析師會緊盯這些大企業股票，並發佈他們採訪後的分析報導。因為這些分析師都是採訪和分析方面的專家，而且會持續追蹤各自負責的產業類股，只要一有任何動靜，他們就會立刻察覺，並將資訊提供給法人客戶。

在這種被眾人環視的情況下，大企業很難創造出什麼驚喜。這也就是為什麼，每次大企業在發表決算財報時，股價幾乎都已經反映完畢。

然而，如果是市值很低的小型股，不但不會有專業分析師追蹤，也很少會有投資人緊盯它們的業績變化。因為很難看到這種企業平常的作為，所以決算財報的內容會有許多意外。這也表示，其中有很多的投資機會。

而且，這些營收才數十億、數百億日圓的企業，有機會在幾年內讓業績變為兩、三倍，但眾所周知的大企業很難做到這樣的事。就業績變化較大這一點來看，中小型股非常具有吸引力。

重點整理

- ☑ 獲利恢復速度快的股票，股價會大幅成長，反之，股價則會停滯不前。
- ☑ PER未來如何變化，是投資成長股時的首要重點。
- ☑ 生活周遭的排隊人潮、爆紅商品，都是想像力的最佳來源。
- ☑ 廣泛涉獵產業資訊，就能挖掘值得投資的題材。

編輯部整理

第3章

簡單題材、分散風險、反覆檢視，是我賺8億的關鍵

市場上有3種類型的賺錢股票，我買的是「超出期待」的那一種

接下來，將介紹幾個我對投資的具體看法。

首先，我向大家說明，投資能夠獲利的三種模式。

1. **第一名學生一直得到滿分。**
2. **第一名學生得到的分數不如預期。**
3. **後段班學生得到的分數超乎預期。**

基本上，用股票賺錢，就是要選擇這三種股票。

第一種，就是像卡樂比（Calbee）、COSMOS藥品、M3這樣的股票。此類股票屬於股票中的優等生，營收成長率長年維持在二位數，所以年線圖會呈現很亮眼的上升走勢。

這類股票總是會公布很亮眼的獲利數字，但可說是沒什麼變化。因此，它們是我比較不擅長的股票類型。

這種股票每次在發表決算財報時，就像參加學校考試，會被要求回應投資人的期待，考出滿分。因為所有人都知道，它們是股票的優等生，PER也會反映出投資人的期待，有著很高的數值。因此，只要稍有閃失，就可能造成投資人大失所望，導致股價暴跌，投資人必須提高警覺。

不過，它們能夠持續交出出色的財報，必定有其原因。只要事業結構上的優勢不受威脅，它們便能確實回應投資人的期待。因此，就算被認為股價太高、太被看好，它們的股價還是可以繼續翻漲好幾倍。

這類股票的優點在於，很容易就能搭上它們的漲勢。相對地，它們也不會在短時間內突然暴漲，所以要得到豐碩的成果，就必須長期投資。

第二種模式，發生在第一類股票的財報數字突然變差的時候。一直都是全學年第一的優等生突然掉到第二名，大家一定都會猜想到底發生什麼事，即使第二名還是很優秀，但大家依然會擔心。這股擔憂也會反映在股價上。這時，如果想靠它獲利，就要進行賣空。

若這種不符合投資人期待的業績只是偶發性的，這種股票就可能回到第一種模式。有時候，企業的業績會像得了重感冒般使不上力，此時我們可以趁它暫時下跌後的恢復過程，靠它獲利。

第三種模式，類似前面提過的Laox，也就是沒人期待的股票突然呈現佳績。和第一名學生的成績掉到第二名時相反，這種股票不過是從不及格進步到七十分，就讓人感到格外驚喜，同時也會得到周遭的讚揚。

這種時候，它們的股價往往會出現過度激烈的反應。因為投資人突然都把目光集中在它們身上，股價通常都會過度飆漲，而且上漲的時間也很短。雖然這種模式能讓我們在短時間內賺到非常多錢，我們必須承受價格的激烈變動，並做好因為太慢進場而導致意外虧損的心理準備。不過，如果先設想好這些事，恐怕就很難遇到這麼好的獲利機會。

股票不是放著就會漲，得先思考何時會漲

看完三種會賺錢的股票之後，我們談談投資的時機。

買股票其實很簡單，只要找到低PER或感覺有成長潛力的股票，就可以出手。到這裡為止，誰都能做到。

問題在於賣出的時機。雖然有些人可能不太會意識到這一點，但在評估投資成果時，時間會被視為一項成本。即便賣價是買價的兩倍，若總共花了五年的時間，每年平均賺得的利潤也只有全部的二〇%。

另一方面，如果投資三個月就產生一〇%的利潤，一年下來，便可產生四〇%的報酬。一般會認為，這樣比五年賺兩倍來得有效率。

很多人都覺得虧損很慘，**但其實最慘的是，股價不漲也不跌，只是一直浪費我們的時間。**

如果已經能夠斷定，這次的眼光失準，最好趕快認賠，之後只要再想出新的投資主題，扳回一城就好。

但如果買進之後，股價始終毫無動靜，因為沒有任何促使進一步行動的誘因，就不會想改變持股。這段期間，行情還是不斷有新的變動，然而我們的資金卻被這種不會變動的股票綁住，只好眼睜睜地看著機會從眼前溜走。

有鑑於此，每當我要開始一筆新投資時，一定會事先思考，那支股票何時會漲。當然，我不否定「股票買了，放著總會漲」的想法，但如果各位的目標是「勝利投資」，就不能只有這種保守的想法。

就算企業業績符合我的預期，若它沒有產生前面提到的三種獲利模式，我依然會將它視作失敗的投資。因為這表示，雖然我覺得該企業的財報很出色，值得期待，其他投資人卻不這麼覺得。這種時候，股價不會上漲。

此時，我會開始仔細思考，這家公司為什麼得不到好評，同時判斷要等到下次財報公布，還是直接放棄它。這和是否已經賺到錢無關，只要我認為它應該會漲，就繼續持有，覺得的確買錯了，就趕快賣出，沒有其他選擇。

為何企業的題材與故事越簡單易懂，股價越會漲？

依照上述原則，股價上漲背後的故事，當然是越簡單越好。

日本股市曾經出現一波行情，看重的是企業擁有土地的未實現利潤，不過我覺得，那只是大眾看到投資基金大量收購這種企業的股票，大量跟風「提燈買進」（註：指投資人以投機客或網路資訊等為線索，未加以驗證，就直接買進股票）所引起的現象。

本來，無論企業擁有多少未實現資產，只要不打算有效運用，就不會反映到股價上，但是基金的介入讓大眾產生期待，導致股價變動。如果沒有基金的介入，即使企業有大筆未實現資產，也很難讓股價上漲。畢竟一般人不會知道，也不會調查這方面的資訊。

關於這一點，手機遊戲的排行榜其實就是個淺顯易懂的指標。在每天更新的蘋果和谷歌（Google）應用程式商店的暢銷排行上，名列前茅的遊戲公司都賺翻了。這項股市新規則，已經被開發龍族拼圖的GungHo和怪物彈珠的mixi印證，所以現在很多人都會關注手機遊戲的暢銷排行。

只要遊戲公司一宣布遊戲開始公測，股價就上漲，甚至只是宣告要開發新遊戲，股價就漲停。明明某些公司的遊戲根本沒什麼玩家在玩，股價卻因為還沒推出的遊戲而應聲上漲。

這個例子有點誇張，**但簡單來說，若企業的故事發展是任何人都能輕鬆預測，股價自然會上漲**。相反地，如果必須從財報數字中的枝微末節，經過百轉千迴，才能想到很冷僻的投資主題，光是要讓別人理解，就得花上很多時間。

促使股價變動的事件或題材稱為「誘因」。在進行投資時，最好隨時思考，其中有哪些簡單易懂且觸動人心的誘因。

買進3個以上的題材股，就算一個失準也不怕！

雖然投資計畫失準時只要賣出持股就好，但知易行難，因為投資人會對持股堅持。先前花費大量時間調查這些投資主題，買進時也覺得它一定會漲，所以無法輕言放棄。這種時候，**擁有多少替代方案就變得很重要**。

有很多優秀股票備案的人，即便其中一支股票表現得不好，也很容易判斷是否要進行替換。然而，如果是篩選很久之後，唯一選擇的投資主題判斷錯誤，就算想換也沒有其他替代方案，只好再找其他持股的理由來安慰自己。

這種長期持有的股票，通常不會有太好的結果。就算最後能夠獲利，只要沒有依照原來的計畫進行，一定會浪費多餘的時間。

長期持有不會上漲、已經產生帳面虧損的股票，稱作「套牢」。只要平常隨時研究新的投資主題，應該就能大幅壓低被套牢的風險。

即使投資已經獲利也不滿足，不斷思考是否還有賺錢更有效率的股票，這樣的態度將成為我們失敗時的後盾。

機械式停損會錯殺股票，我只在題材消失後才停損

使用停損原則有好有壞，但我絕對不會設定「股價比買價跌多少就賣」這種機械式停損。

基本上，股價永遠搖擺不定，沒有人能判斷哪一瞬間才是它的正確狀態。雖然我認為所謂的適當價格並不存在，但如果有支一個月後要發表大幅上修業績的股票，被不斷拋售，說它的股價錯了，其實也不為過。

一定會有一些在日後回顧時，仍然無法理解的股價變動，**如果剛好在買價不好時使用機械性原則，就很容易做出不必要的停損。**

覺得好像快要虧錢就賣掉，或是因為其他股票已經虧錢，所以拿賺錢的股票來

補，這些都是和市場或個股完全無關的個人因素。因為這些原因，放棄原本應該創造更多獲利的優質股票，將使我們的資產無法累積。

當沖客型的投資人因為不斷累積一定程度的利潤，他們的資產會直線上升，而以基本面為基礎的中長期投資，則是透過少數很成功的持股，有時兩、三倍，有時五倍、十倍，達到資產逐漸增加的目標。

進行以基本面為基礎的投資時，只要注意自己當初設想的故事是否消失，或是股價的大方向有沒有搞錯就好，應極力避免因為其他個人因素，放棄重要的持股。

不過，當金融危機導致整體經濟冷卻時，再優質的企業都無法避免營收下滑。這時，投資人也會降低高風險股票的持股比例，股價因此被迫做出大幅調整。如果有發生這種狀況的可能性，再好的股票也應盡快脫手。

股神也有做錯時，反覆檢視是少賠的關鍵！

話雖如此，並非要大家盲目相信自己的持股，完全不做停損而長期持有。

我很尊敬的一位偉大投資家曾說：「相信就是停止懷疑。」從停止懷疑自己的投資那一刻開始，邁向大虧損的倒數計時也將跟著啟動。

這支股票真的好嗎？現在預測的故事走向有沒有破綻？我們應該隨時抱持懷疑，持續檢視。**正因為相信它們是優質企業，才要徹底懷疑和調查，最後得出「它們果然值得相信」的結論，這才是應有的態度。**如果能做到這樣，就算股價下跌，也能冷靜應戰。

不過，無論再怎麼仔細調查，我們都必須做好心理準備，這些調查方式有可能是錯的，或是歸納出來的結論有問題。

當股價跌幅超乎預期時，很可能是因為其他投資人感覺到某種風險，才將股票拋售。無論如何，都要將這種現象發生的背景調查清楚。

這是股價下跌時，投資人唯一能做的事。此時，只要找到一個自己能接受的原因就好，如果怎麼找都找不到，就有可能是因為自己沒掌握到的負面消息，導致股價下跌。

東日本大地震剛過時，我猜想太陽能相關產業的業績可能會有所增長，於是買了某家設備製造商的股票。除了因為該家廠商的業績很好，我也考慮到日本關閉了幾座核能發電廠，未來很可能會重視太陽能發電，於是理所當然地認為，它的股價會繼續上漲。雖然到中途為止都還很順利，但從某個時間點開始，它突然遭逢龐大賣壓，開始轉為下跌。

它被拋售的方式實在太過恐怖，我毫不猶豫地做了停損。由於它是我非常有自信的投資主題，還曾經在部落格上發表過，要放棄它時，我下了很大的決心。

後來我才知道，原來當時全球的太陽能面板已經產能過剩，呈現泡沫化的狀態。雖然日本因為震災，讓環保能源突然受到矚目，卻幾乎沒有人要購買新的生產設備。

當時，製造太陽能面板的原料多晶矽，現貨價格出現暴跌，就足以證明這一點。雖然我在買進那支股票的過程中沒有注意到，但法人或避險基金專家恐怕都已經知道這件事。此時，一旦有散戶搞不清楚狀況進場買進，他們會很開心地進行賣空。

即便是乍看很誘人的投資主題，也有可能因為自己的知識或資訊不足，掉進難以想像的陷阱裡。要承受股價下跌之前，最好先充分驗證，是否真的有忍耐的價值。

機會不是隨時都有，弄清楚風險就果敢進場

選擇股票的技術當然很重要，但敢背負風險、大膽抓住投資機會，其實也同樣重要。如果有支股票很有可能翻漲兩、三倍，你卻只敢投入全部資金的一〇%，就算股價發展得再好，總資產也只會增加一、兩成。

因為這樣的投資機會不是隨時都有，**只要不是單純仰賴運氣、像擲銅板一樣的賭博，而是經過縝密的調查和驗證分析，認定有相當程度的勝算，就應該背負相應的風險。**

雖然現在日本股市因為安倍經濟學的影響，交易非常熱絡，這種股價指數在三年內翻漲超過兩倍的大好行情，過去三十年裡，也只有這一次和一九八〇年代後期

的泡沫經濟而已。能夠在這種行情下進行投資的人，應該要充分把握自己的好運氣。

在泡沫經濟的頂點才開始投資的人，之後經歷超過二十年的下跌行情。尤其是一九九〇年代前半的那種暴跌局面，幾乎沒有什麼獲利的機會。

現在只是正好碰上好景氣，沒有人能保證，未來不會再度出現那樣的景氣寒冬。雖然股市無論何時都敞開大門迎接我們，不代表隨時都有賺錢的機會。因此，在面臨千載難逢的機會時，就算抱著可能會大幅虧損的覺悟，也要承擔風險，才是真正發揮風險管理的功用。

即便是我這種一輩子都想在股市裡打滾的人，偶爾也想用穩定一點的方式運作資產，或是改投資房地產。換句話說，我們沒有被迫將資金曝露在市場風險之下，假如哪天不再有賺大錢的機會，我們可以靠這些方式直接退出市場。

我聽過很多年紀輕輕就賺了上億資產的投資人故事，他們大多是在資產還沒那麼豐厚時，就遇到能夠一口氣縮短賺錢時間的機會，並一舉獲得成功。當然，如果是在日本一九九〇年代前半這樣做，最後絕對會被迫退出股市。**看清楚進場時機很重要，但必要時也要懂得放手一搏。**

我不建議大家隨便進行分散投資。畢竟，那是能夠容許高風險、高報酬的散戶才能採取的策略。

先由小勝利累積自信，再等待時機一決勝負

話雖如此，如果隨便放手一搏，手上的資產馬上會消失殆盡，所以還是必須先做好準備。

我自己的做法，就像在賭場裡累積籌碼一樣，先承擔一些小風險，累積勝利金額，等待適合的時機再全部梭哈。

此時，**累積的不只是勝利金額而已，同時也會提升對投資判斷的自信**。人心是很脆弱的，只要投資得稍微順利一點，立刻就洋洋得意起來，然而一旦開始不停虧損，就變得膽小怯懦。這種時候，很容易該投資時不投資，跟著別人進場的次數越來越多；該忍耐時不忍耐，老是做出不必要的停損，於是陷入越來越無法獲利的惡

性循環。

要脫離這種惡性循環，首先要減少投入金額，擺脫恐懼，恢復原來正常的判斷力。只要能這麼想：「就算虧損，也不是什麼大不了的金額」，自然可以找回原本的獲利模式。如果還是不行，可能就不是心理層面的問題，而是技術問題，必須好好調整自己的投資技巧。

不斷累積成功經驗，找回順手的感覺，並且磨練好自己的判斷力，就能在下一次機會中再決勝負。這時候，因為已經累積一些利潤，可以選擇背負「大不了就是回到原狀」的風險。

如果贏了，就是賺到。再以賺到的利潤作為擔保，等待更大的機會出現。當然，並不是所有風險都要承擔。我們只能挑戰那些有機會成功的風險。

乘勝追擊，就是我的做法。

人類非常奇妙，只要進展順利，就覺得自己無論做什麼都會很成功。這樣的精神狀態，有助於做出正確的判斷和決策，即使失誤了，也不會因此沮喪，或是堅持留住不好的股票，而會冷靜地退守，等待扳回一城的機會。當然，這種狀態不會一直持續，所以非常珍貴，這時候要盡可能取得勝利，這是我看待風險的態度。

我希望各位注意的是，自己能否在夢醒之後，從最初開始累積的地方重新來過。一旦習慣獲得大勝，就很難回到以前最謹慎時的小規模投資，要是沒辦法回復原本謹慎的心情，就會很危險。

贏家、輸家只差一件事：對行情的敏銳度與應對能力

雖然我寫出自己對投資的想法、背負風險的做法，以及幾個具體投資方式，正如我在序章裡提過的，這些只是經驗分享而已。

不過，像是「投資如同一場選美」、「懂得停損很重要」、「股價走勢圖應該這樣看」這種千篇一律的內容，很多書都已經說明過，我沒必要老調重彈。

先前已經說過好幾次，投資方式因人而異。每個人都是不同的個體，沒辦法完全複製別人的做法。最好的方式就是抱著「這個人的手法很值得參考，但他對股價走勢圖的看法和我不同」之類的想法。請大家一邊吸取各種不同的想法，一邊建構自己獨創的投資方式。

請各位務必記得，**絕對沒有永遠穩贏的手法。**雖然我能理解大家為什麼會希望有這種方法，但是很抱歉，它並不存在。這樣才會有贏家和輸家，也才會有投資的機會。

就像吃飯要用筷子、吃義大利麵要用叉子、吃牛排要用刀子一樣，不同的行情都有對它有效和沒效的方法。雖然學會普遍性的做法，可以讓人從初學者晉升到中級者，真正的高手會隨時思考：「針對現在的行情，採取哪種做法才有效」，然後切換成最適當的做法。**能夠持續勝利和不能持續勝利的人，差別就在於對行情變化的敏銳度和應對能力。**

跟別人比績效，心易亂；找到自己的投資模式，錢易賺！

在開始投資之前，人們對股票的印象幾乎都是「好像很恐怖」。先弄清楚自己投資的目的，才能克服這種恐懼，並具備可能會虧損的覺悟。

有些人希望擁有很多錢，讓他在購物或享受美食時無所顧忌。有些人希望每年都能花好幾個月，暢遊自己喜愛的國家。有些人為了年老退休後的生活，進行資產管理。有些人只想在賺到錢之後，大肆地揮霍一番，而有些人則是享受投資股票本身的樂趣。

十個人應該會有十種不同的投資目的，但在認真開始投資之前，還是先確認清楚比較好。因為每個人的目標報酬，必須從他希望抵達的終點逆推回來。

以我的情況為例，雖然我現在的投資目的非常明確，那就是將投資賺來的錢貢獻給社會，但其實一開始，我並沒有想那麼多，只覺得樂在其中，沒有什麼特別的目標。雖然這讓我從未害怕背負高風險，但在聽了許多人的故事之後，我意外地發現，擁有具體目標的人很多，同時也覺得那樣投資比較穩健。

我第一次投資股票是在二〇〇五年，這十年來最大的改變，應該就是部落格和社群網路的普及，造成資訊流通方式的改變。在網路發達以前，投資股票真的是孤軍奮戰，不像現在，隨便都可以在臉書或推特上找到戰友。

網路為投資人帶來許多方便，但有些人因為看到別人的投資成績，產生各種煩惱。從這方面來看，網路的發達或許也是一種弊害。畢竟人類天生就愛比較，這也是沒辦法的事。

不過，大家不妨這麼想，愛打棒球的人不會因為看到職棒選手打得多好，就覺得自己怎麼打得這麼爛。同樣的道理，每個人想得到的報酬和適合的投資方式，都取決於他本身的目標，**不需要看到別人做得比自己好，就感到沮喪，只要好好完成**

自己該做的事就好。

如果投資人想像棒球的大聯盟選手一樣活躍，就必須把握每一次進攻與防守的機會，全力以赴才行。如果投資只是為了偶爾做一趟旅行，最重要的應該是徹底做到不會虧損的風險管理。

我們投資是為了自己，不是為了別人，所以應該先掌握自己想獲得的報酬和該承擔的風險，再付出適當的努力，就能持續進行下去。

背負不必要的風險，讓股票擾亂了自己的心，對工作造成阻礙，甚至賠上原本安穩的生活，那可就得不償失了。

重點整理

☑ 企業的題材與故事越簡單易懂，股價越容易漲。

☑ 隨時研究新的投資主題，就不用擔心被套牢。

☑ 只要股票背後的故事仍在，就應避免因為機械式停損，錯殺重要的持股。

☑ 乍看很誘人的投資主題，也可能存在陷阱，投資前應先反覆調查檢視。

☑ 沒有永遠穩贏的投資手法，投資人必須培養對行情變化的敏銳度和應對能力，才能在股市中勝出。

☑ 不要跟別人比績效，只要掌握自己想獲得的報酬與應承擔的風險，努力達成目標就好。

編輯部整理

THE UNITED STATES OF AMERICA
RESERVE NOTE
DD57683004A

第2部

「投信之神」的不敗投資法

小松原周

第4章

學法人這樣「算股」，讓你的勝算倍增

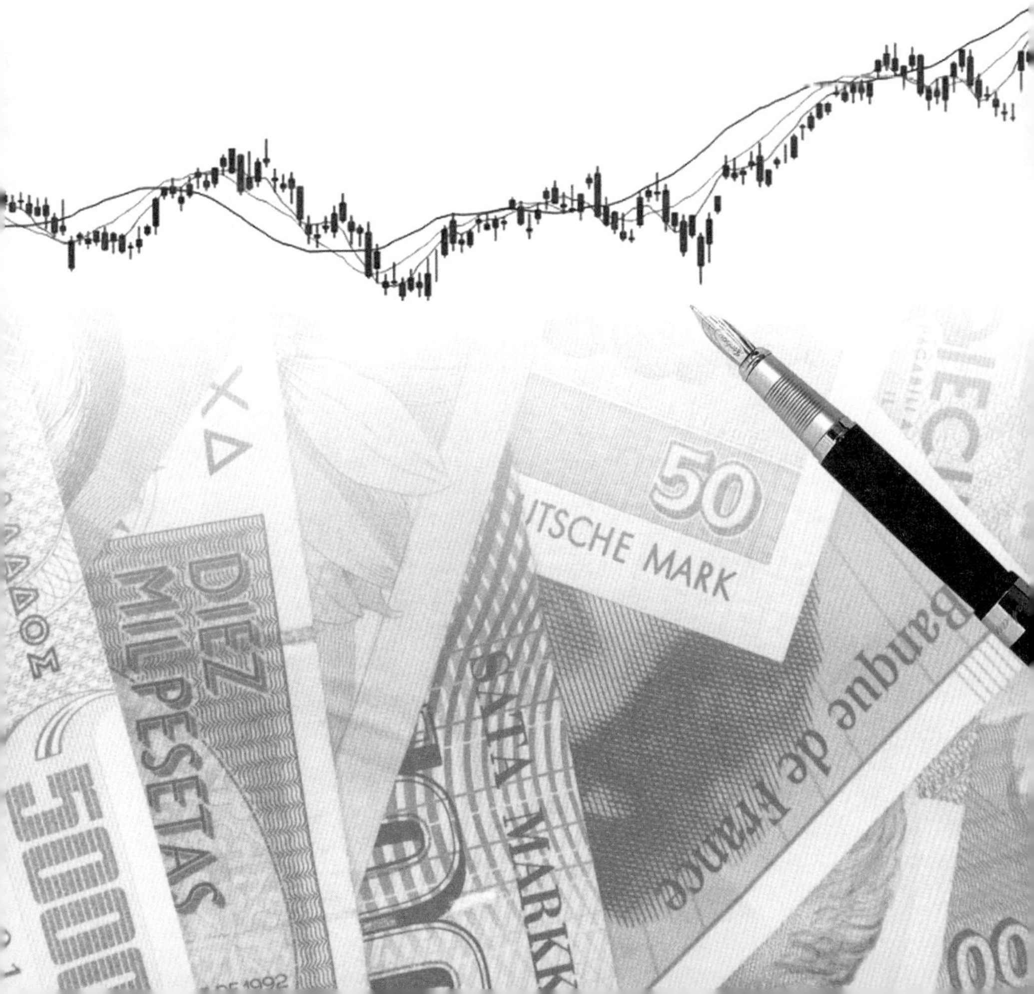

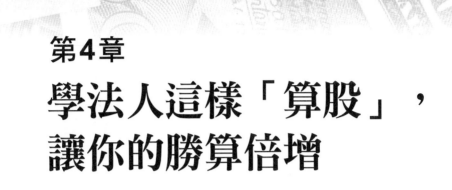

鎖定業績持續成長的企業，即使股市暴跌也不心驚

二〇〇八年九月十五日，美國知名證券公司雷曼兄弟宣告破產。

那天我正好到某家上市企業的外地工廠出差，參觀工廠內部的工作狀況。當時，我因為和廠長聊得太開心，一時沒注意到，後來才發現公司打了好幾通電話給我。回撥後，就聽到同事慌張地說：「日經指數已經跌了一千多點，請趕快回來。」

但我這樣回覆他：「什麼嘛，就這點事。我還以為是多重要的事，嚇死我了。」然後繼續參觀工廠。這不是放棄職責，而是我判斷不必做任何事，讓股價盡情下跌就好。

選擇投資標的時，我會從各種角度來審視一家企業，經過深思熟慮才做出決定。對當時的我而言，與其回公司看股市崩盤，不如多巡視工廠，深入了解一家企業的競爭力。

只要該企業的成長發展（業績預測）沒有改變，它的企業價值（目標股價）就不會改變。就算眼前的股價不斷下跌，我的看法也不會改變。這是一個主動積極的基金經理人應有的思考方式。

當天結束參觀行程後，我回到工廠附近的旅館，開始上網蒐集資訊，才確信這場全球金融危機非比尋常，著實讓我吃了一驚。

雖然我當時正在操作的基金淨值下跌，和作為指標的TOPIX相比，我還是大勝。

我投資的每一家企業都經過精心挑選，充滿了競爭力。我只要閉上眼睛，將它們的事業內容回想一遍，就會充滿自信。

在旅館裡，我寄了一封電子郵件給我們公司的員工說：「接下來的市場將會發生前所未有的大混亂。但我不打算為現在這檔基金採取任何行動。請告訴客戶，我們會替他們確保最好的結果。」

身為基金經理人，處境和散戶有一點不同。法人和散戶都有各自的優勢與劣勢，若要問最後哪一方會勝出，其實並沒有明確答案。唯一能夠肯定的是，無論是哪一方，只要是投資人就有必須具備的基本知識。

接下來，我想和各位讀者分享這些知識。

什麼是「理論股價」？為何它是投資人買賣股票的重要依據？

我想，大多數投資人應該都不知道，股價到底是怎麼來的吧？

說到股價，如果用其他比較困難的詞彙來描述，可以代換成「市價總值」、「企業價值」等等。

學術上，**我們會將一家企業未來賺得的現金，也就是現金流量，換算成現值，這便是「理論股價」**。很多投資人會不斷確認這個價格，如果發現實際股價比它還低就會買進，比它還高就賣出。如此一來，市場最後會達到供需平衡的狀態。

根據這種方式計算出來的理論股價和實際股價，幾乎不會有什麼誤差，就算以企業過去的成績做回測（註：模擬在某種特定交易條件之下，將得到怎樣的績效，如損益、勝率等）和驗證，結果也非常準確。因此，如果把最近五年的現金流量換算成六年前的價格，可以算出六年前的股價。

當然，有時還是會發生實際股價高於理論股價的情況，也就是所謂的「超漲」（Overshoot）。不過，**實際股價最後仍然會往理論股價收斂**。投資人是否知道這一點，將造成很大的差異。

作為基金經理人，我能在強大的壓力下管理好自己，就是因為正確掌握投資的企業，未來有多少賺錢的本事。

法人最愛用的理論股價，是這樣算出來的！

馬上問大家一個問題。各位就算無法正確回答，也不用感到沮喪，因為大多數投資人恐怕都不會想那麼遠。

很多人可能不怎麼熟悉債券價格，但還是請繼續看下去。如果覺得太複雜，也可以先跳過，等有時間再好好想想。（其實只有高中數學的難度，而且用Excel就可以輕鬆算出來。）

假設有一張從現在開始的五年內，每年可以收到三日圓紅利的債券，最後以三％的殖利率賣出。請問這張債券的現值是多少？

如果寫成算式，如下表所示。

分子是每年投資人會收到的錢。以這一題來看，投資人每年會收到三日圓的紅利，最後一年除了紅利之外，還會把本金一百日圓也拿回來。

分母則是持有這張債券五年時的最終殖利率。以這一題來說，這張債券的殖利率是三%，要填入的是「一・〇三」這個數字。殖利率是投資人對時間經過所要求的報酬，也可說是「時間價值」。下表中的算式就是將分子的現金流量除以分母的時間價值，得出來的便是

計算債券現值的算式

第1年 …… $\frac{3}{1.03} = 2.912621$

第2年 …… $\frac{3}{(1.03)^2} = 2.827788$

第3年 …… $\frac{3}{(1.03)^3} = 2.745425$

第4年 …… $\frac{3}{(1.03)^4} = 2.665461$

第5年 …… $\frac{3+100}{(1.03)^5} = 88.848700$

將每一筆錢換算之後的現值。

每行算式的答案加起來會得到一百。也就是說，這張債券的現值是一百日圓。假設這張債券以一百日圓以外的價格進行交易，就會產生零風險也能獲利的機會。

這個算式不僅能計算債券的現值，股票和房地產等能夠產生錢的資產，都可以藉由將預期現金流量換算成現值，計算出金融資產的理論價格。

要計算股票的理論價格，還有很多原理相同的方法，在此，我想介紹其中最簡單的「股息折現模型」（Dividend Discount Model）。

前面提過，在計算債券現值時，分子是投資人每年收到的紅利金額。因此，如果計算的是股票現值，會放入預估股息。

比較困擾的是，股票不像債券有償還期限。每張債券都會依照事前規定的償還期限，在到期時償還本金給債券持有人，但因為股票沒有償還期限，原來本金的部分就必須填上「股息除以折現率」（註：將未來獲得的收益或某事物未來的價值，換算成現值時所使用的數值）算出來的數字。這是以企業持續發放固定股息的前提，來計算股票現值的公式。

假設有一家公司，今年的預估股利是五日圓，之後每年的股利都以五％的幅度成長。到了第五年，股利停止成長，往後每年也都發放固定的股利。若分母的折現率是六％，這支股票最適當的理論價格就是一〇二·六二日圓（如下表所示）。

因為股利會根據每家企業目前發展的狀況、經營策略和會計手法而有不同，有些人會覺得，只用股利計算企業價值有點奇怪。還有另一種簡稱DCF的「現金流折現模型」（Discount Cash Flow Model），是藉由預測企業實際會賺進的現金，來計算每股的

計算股票現值的算式

$$\frac{5}{1.06}+\frac{5(1.05)}{(1.06)^{2}}+\frac{5(1.05)^{2}}{(1.06)^{3}}+\frac{5(1.05)^{3}}{(1.06)^{4}}$$

$$+\frac{5(1.05)^{4}+A}{(1.06)^{5}}=102.62$$

要填入A的數字 $=\frac{5(1.05)^{5}}{0.06}=106.36$

平均理論價值，專業投資人對此相當重視。雖然不會為大家詳細說明這部分，它的原理和前面的股息折現模型是一樣的。

經過回測就可以證明，股價最後會收斂到這些折現模型所導出的理論價格。

在討論股價時，很多投資人都會運用PER等指標，但這些討論其實沒什麼意義。因為每天透過買賣形成的股價，最後都會朝理論價格靠攏。換句話說，**要討論現在的股價是偏高或偏低，就必須用理論股價來做比較。**

如前所述，這個算式可用來計算所有會產生錢的資產現值。當然，要預測分子部分的現金流量並不容易，另一方面，分母的折現率也會變動。順帶一提，折現率會確實反映出全世界的風險資產價格（編註：風險資產，指具有未來收益能力的資產，如股票的股息、債券的利息等等。但是，此未來收益存在不確定性，也就是所謂的風險，所以稱之為風險資產），並每日重新計算。以日本股票來說，只需將它設定在六％左右。想知道股票粗略的理論價格，用Excel來計算就夠了。

股票的評估指標有很多種，我會特別參考的，就是這種透過折現模型計算出來的理論股價。有時候，市場上的股價和理論股價相差甚遠，但從中長期來看，最終還是會向理論股價靠攏，對我而言，這是一種非常值得信賴的評估方法。

別買進一直逃避市場邏輯、企圖低調的公司，因為……

接下來，我想請大家深入思考一個最根本的問題：「股票是什麼？」

據說，股份有限公司發源於過去地中海貿易興盛的威尼斯和熱那亞等地。貿易公司為了籌措商船在海上遭遇危險時需要的費用，開始發行股票、募集出資者。如果商船最後平安歸來，公司會將貿易賺來的錢分配給股東，但如果中途發生船難或遭到海盜襲擊，無法進行貿易，股東就拿不到任何錢。

這種透過股票，將執行計畫的人，和計畫會產生的風險與報酬切割開來的構想，可說是劃時代的創舉。直到今天，股票的性質也完全沒有改變。唯一的差別是，現在的股票不再以計畫，而是以營運中的公司為單位。

很多人都以為，總經理擁有公司，但總經理其實只是被委託負責現場執行的人，就像是商船裡的船長一樣。

或許有些人會問：「那員工呢？」員工像是船員，只負責執行船長的命令。真正擁有公司的人，既不是借錢給公司的銀行，也不是公司的創辦人，更不是與公司有生意來往的客戶，而是股東。**每位持有公司股票的人都是公司的老闆。因為股東擁有公司的一切，無論是包含總經理在內的人事決定權、公司賺得的利潤，或是決定出售或解散公司的權利，全部都為股東所有。**

可能有些人會覺得，大公司一定不是這樣，其實這和公司規模大小無關。即使是豐田汽車，也是由持有豐田汽車股票的股東所擁有，只要你持有超過五〇%的股票，就有機會操控豐田的一切，所有你在股東會上的提案都會進行表決。

也就是說，上市企業讓如此重要的股票，變成「只要有錢，任何人都可以買到」的狀態。金錢在資本市場擁有絕對的力量，股市就是一個不論個人的主張或信念，只看金錢多寡、弱肉強食的世界。

也許經營者某天突然就被某位大股東搶走公司，原本的經營階層也被趕出去。為了避免這種情況發生，他們只能不斷提高獲利和股價，不讓股東們想賣出持股。上市企業有公布公司財務狀況的義務，換言之，經營者必須公開自己的通訊紀錄，不能以任何理由拒絕。

這種對上市企業經營者的無聲壓力，有助於公司治理（Corporate Governance），促進健全的自由市場競爭。雖然上市企業有透過發行新股向市場募資的權利，其代價是必須公開自家公司的相關資訊，對大眾負起說明責任，而業績不好時，還會被股東介入經營。

可惜的是，非常多日本上市企業都很難受到來自股東的壓力。這些公司多半有以下情況。

- **過半數股票由創辦人家族或相關人士持有，公司治理完全無效。**
- **握有大量剩餘現金，但既不投資，也不以配股等方式返還給股東。**

● 經營策略和未來成長不受投資人約束。

一旦買進一家企業的股票，就算只買一點點，也代表成為這家公司的擁有者，所以投資時一定要特別留心。**一直逃避市場邏輯、企圖低調的公司，即便是上市企業，我們也不可能從中找出優秀的經營者或有發展的公司。面對這種不適合股東運作的上市企業，投資人只能選擇無視。**

即使是以前威尼斯的投資人，也會從哪艘船最堅固、哪位船長的駕駛技術最好、哪些船員最辛勤工作等角度，來估算股票的價值。這樣不斷累積經驗的人，成果將比別人高出一倍，最後被稱作大投資人。現代的資本市場也是如此。重視自己每一次的判斷，並做好相應的準備，是投資人必須具備的態度。

法人天天拜訪企業做功課，你卻不知道經營者是誰嗎？

說「我要成為投資人」，聽起來好像很厲害，但其實只要到證券公司開戶，把錢存進去，再進場買股票，就已經成為投資人了。

不過，要成為勝利或不敗的投資人並沒有那麼簡單。接下來，我想跟大家說明投資所代表的意義。

各位應該都知道，日本是資本主義國家。所謂的資本主義，就是以資本為基礎發展事業，不斷從中創造新價值，使國家變得富裕、國民變得幸福。

投資代表成為這種資本的提供者。需要錢開創事業的人，除了向銀行融資，也可以直接讓投資人投資自己。前者稱為間接金融，後者則稱為直接金融。所謂的投資人，就是指直接金融中借出資金的一方。

光是把錢放著，不會產生新的價值，但如果將它當作串聯想法、帶給他人幸福的媒介，就完全不同了。這絕不是在講漂亮話，每個賺大錢的故事裡一定都有這樣的橋段。

假設有位A先生想提供貴婦專屬的保母服務，向投資人募集資金。若投資人聽了A先生的事業規劃，覺得他會成功，就會提供他資金。要是A先生的事業最後能獲得顧客支持，而且有所獲利，投資人便能從中得到利潤。但如果A先生的事業發展得不順利，甚至倒閉，投資人投入的資金便拿不回來。

銀行不會融資給存在太多不確定因素的事業，因為不想承擔高風險，報酬也僅止於借出金額的利息。**投資人則可以聆聽事業主的想法，再自行決定是否承擔這樣的風險**。承擔高風險的同時，因為該事業賺得的利潤全歸投資人所有，報酬非常高。

股票市場和債券市場等，統稱資本市場。資本市場的功能，是將充滿想法的事業主，和能夠提供資金、承擔風險的投資人連結在一起。在股市買股票，就相當於對前面提到的A先生進行投資。

當然，**投資人沒有義務提供風險資金**（註：因追求高風險、高報酬而投入資本市場的資金），**而是為了獲得事業成功之後的報酬**。

如果最後投資人願意承擔其中的風險，並提供資金，應該不難想像，這對事業主來說，是多麼振奮人心的事。投資人之於事業主，就如同對他們的滿腔熱忱給予好評，陪伴他們一起開創事業的正義使者。

我曾經在和一家沒有人投資的上市公司總經理面談後，將大筆資金投注到它的股票上。經過反覆調查，我覺得這家公司之前會失敗，並不是因為它的競爭力差，而是原本的經營者太過怠慢，我相信新的經營團隊將成功達成企業重建的計畫。

當我們公司大量收購這家公司的股票、成為它的大股東後，所有市場參與者都大吃一驚。因為這代表，我們確信這家公司的價值被低估了。從那之後，很多原本完全不關心這家公司的投資人，開始重新評估。

過了一陣子，該公司總經理打電話給我。我一接起電話，就聽到他一邊流淚一邊說：「真的非常感謝你。我們一定會徹底重生。我答應你，我們一定會做到。」經營者最開心的事，莫過於擁有相信自己、願意為自己承擔風險的投資人。

又過了三年，這家公司果真自谷底回升，甚至大幅超前當初的重建計畫。我們親眼見證這件事之後，就慢慢將它的股票賣出。**當時，它的股價已經變成最初投資時的五倍。**

各位要不要也試著為他人的想法投注資金呢？到那個時候，或許才算是真正踏出成為投資人的第一步。

投機者仰賴機率，投資者找出價值差距，你是哪一種？

「投機和投資有何不同？」這個問題聽起來好像很簡單，但我想大多數人都答不出來。每次我問參加投資講座的社會人士或大學生，幾乎沒有人可以回答。

即便我在講座上，想向聽眾說明投資的社會意義，或是分享找出股票中的價值差距有多麼快樂，幾乎所有的提問都是「從什麼管道可以獲得別人不知道的資訊」，或是「股價要漲幾%才能賣掉」等等，讓我深刻體會到，大多數人還是把投資當成是一種投機。

不過，我也是在從事資產管理工作後，才明白這些事，一般人應該更難理解。

學校並沒有教我們「怎麼做才會賺錢」、「錢是如何在世界上流通」，或者「經濟上的富裕和幸福是什麼」等金錢方面的知識。

其他先進國家的學生在進入社會之前，會學習如何在不斷變化的經濟環境中創造附加價值，養成自主思考的習慣。反觀日本的學生，進入社會時幾乎手無寸鐵，還無暇思考社會的運作方式，就被灌輸終身要做公司奴隸的思想。日本經濟之所以失去創新的動力，或許就是被這種教育體制所害。

這個題目的正確答案是：**「在投注金錢時，投機看中的是機率，投資看中的是價值。」**

在小鋼珠、賽車、賽馬等賭博上投注金錢，賭的就是機率。

如同前面所提，小鋼珠店可以一直經營下去，是因為有「顧客數×投入金額×機率」這樣的獲利模式，店家無論如何都會賺錢。客人越是上門，店家就越能從他們身上賺到錢。其他賭博也是一樣。

投資則是對事物的價值投注金錢。價值這種東西並非絕對，會因為供給和需求而大幅變動。供給越小或需求越大，均衡價格都會變得越高。

你在跳蚤市場用一萬日圓買的舊家具，或許外國古董商會出三萬日圓跟你買。這兩萬圓價差，就是藉由價值差距創造出的財富。

投資股票也是同樣的道理。假設你買完A公司的股票之後，出現願意以更高價買進的人，股價就上漲了。因為注意到這種價值差距而進行投資，上漲前後的價差，就是你能獲得的附加價值。

很多人都覺得投資股票是種賭博，這種觀念一定要改。賭博不過是種零和遊戲，如果有四成的人贏，就有六成的人輸。

投資則是透過供給和需求之間產生的價值差距，來獲取財富，這部分的實際利潤，當然也會計入國家的GDP（國內生產總額）裡。

假設A公司不斷製造出魅力獨具的商品，獲利就會持續攀升。於是，許多人想買進它的股票，股價便不斷上揚。此時，所有購買A公司股票的人，資產都會增加。只要A公司的股價一直上漲，無論投資人何時買進、何時賣出，所有投資它的人都能因此獲利。

經濟上的富裕，指的就是這種價值方面的提升。賣一顆蘋果賺得的十塊錢，和買一張股票賺到的十塊錢，就結果而言，是同樣的。

許多人現在都還有根深蒂固的觀念，以為賺大錢的人一定做了什麼壞事。他們不懂得分辨投資和投機的區別，或是根本不知道投資的價值為何。

大家想成為能找出價值差距、讓資產增加的投資人，還是依賴不平等的機率、讓資產減少的投機客？答案應該很明顯了。

古語說：「富貴險中求」，其實買潛力股也是

投資人必須具備對風險和報酬的敏感度。努力提升投資時的精準度，將成為投資人的必殺絕技。

做每件事都一樣，為了得到某種報酬，都得背負相應的風險。為了種菜，必須準備土地、付出體力勞動。為了進入理想學校就讀，必須花費時間和精神。

雖然不一定會得到期望的結果，但不承擔風險，就不可能得到報酬。投資也是同樣的道理。說到投資報酬，應該不難想像，就是因為投資標的價格上漲所獲得的利潤。那麼，投資風險是什麼呢？

所謂的投資風險，指的是變動幅度。假設你投資A公司的股票。此時，風險就

是A公司股價每天上下變化的幅度。用專業術語來描述時，我們會將它稱為波動率（Volatility），並以數學上表示機率的單位σ（sigma）來標示。

若A公司的股價，過去三年內以平均二〇％的幅度上下變動，我們就會說，其股價波動率是二〇％。假設你從一年前開始投資A公司的股票，等股價漲到比買價高一五％時賣掉。乍看似乎有獲利，但從風險與報酬的角度來看，這樣的結果並不算好。

因為A公司的股價本來就有上下二〇％的變動幅度，一五％的變化只是在平常的變動範圍之內。或許你會覺得：「都已經賺到一五％了，應該算投資成功了。」但千萬別忘了，你背負的可是會上下波動二〇％的風險。若是股價反向變動，還可能會虧損二〇％。

如果一直不斷發生這種事，結果會怎樣？沒錯，你的資產會日漸減少。如果你背負可能賠二〇％的風險，卻只賺一五％，得到的報酬永遠都比風險小，你的錢就會慢慢被股市吸走。

風險和報酬是一體兩面。在風險的變動幅度裡，才會產生報酬。「零風險能得到五%的紅利」這種好康，絕對不存在。零風險，也就是沒有價格變動，等於無法獲得報酬。

想在投資上獲勝，能獲得多大的報酬將是關鍵。或許你會想：「既然股價會上下震盪，那就在它下跌時買進，上漲時賣出就好。」然而，麻煩的地方在於，投資並沒有那麼簡單。隨著個股和市場環境的不同，風險和報酬也不相同，隨時都會有所變動。

當股價發生大變動時，大概都代表即將面臨與過去不同的變化。

假設A公司開發的新產品受到好評。因為大眾預期它會接到很多訂單，股價自然反映出對其業績提升的期待，上漲了一〇%。當報酬這樣增加時，風險當然也會變得比原本的二〇%還高。

接下來，如果有其他競爭對手開發出比A公司還好的產品，A公司股票的投資風險將會增加，跌幅也會變大。相反地，如果A公司的產品沒有出現什麼競爭對手，大眾預期它的訂單數量很穩定，其投資風險自然會在不斷上漲的過程中逐漸變小。

這就是「報酬相對比風險還高」的例子。對於企業發生的新變化，敢背負潛在風險的投資人，就能從中獲取超額利潤。

除了開發新產品之外，一家公司還會被非常多因素影響。**當投資標的發生出乎意料的變化時，投資人必須判斷，這項變化對風險和報酬之間的平衡造成何種影響。優秀的投資人在這方面是很敏銳的。**

前面已經提過，磨練對風險和報酬的敏感度非常重要。只要進行投資，就一定會遇到失敗，在思考這些失敗案例時，請大家務必從「風險和報酬如何變化」的角度切入。像這樣從失敗中學習，不斷累積自己的經驗值，就能夠有所成長。

中小型股的股價通常沒反映真正價值，所以更容易獲利

首先，想成為勝利的投資人一定要知道，眼前的市場是否具有效率。二〇一三年諾貝爾經濟學獎得主、芝加哥大學教授尤金．法馬（Eugene Fama）的「效率市場假說」提到，如果市場具有完全效率，投資任何股票都無法獲利。

因為當市場具有完全效率時，所有會對股價造成影響的消息（包含未發表的資訊在內），例如：「A公司接下來的業績將變得非常好」、「A公司將宣布提高配股配息」等等，都將反映在它現在的股價上。

若想在投資股票上獲勝，必須事先預測出該公司可能出現的正面變化，再等股價上漲。所以，如果這個假說是正確的，因為當前的股價已經反映出企業未來的變

化，無論怎麼做都贏不了。

不過，在現實世界裡，市場不可能具有完全效率。

全球最有效率的股票市場是紐約證券交易所（NYSE），其次是倫敦、東京、香港等等。市場效率會因為企業規模而有差異，越大型的股票效率越好，越小型的股票則效率越差。

因為越大型的股票，參與買賣的投資人越多，也就是股票的成交量越高，該企業的相關資訊會被調查得越清楚，也越容易預測。如此一來，股價中被視作認知差距的未反映資訊，會變得越來越少。這就好比外表看來像是一大塊肉，其實裡面全是骨頭，沒有什麼能吃的地方。

相反地，如果是效率不好的市場，或是像小型股一樣很少人參與投資的股票，只要公司一宣布業績上修等正面消息，股價自然就會上漲。**因為很少人關注這種股票，它們真正的價值並沒有被分析出來，原本的股價一直處於被低估的狀態。換句話說，對股票的認知差距越大，我們能從中獲得的價值差距也就越大。**

我在美國華爾街擔任主動型基金經理人（編註：證券投資基金可分為主動型基金與被動（指數型）基金兩種。被動型基金不主動尋求超越市場的表現，而是試圖複製指數的表現，一般選取特定指數作為遵循的對象，因此又稱作指數型基金。主動型基金也有相應的目標指數，但主動型基金通常要求超越目標指數的收益）時，也曾因為這種資訊效率性吃了不少苦。例如，在和一些眾所皆知的大企業面談時，就算我打聽他們的訂單展望或公司策略，也只能獲得和大多數投資人差不多的資訊。

因為股價已經充分反映出這些資訊，依此進行的業績預估自然不存在認知差距。相反地，因為關注日本股票，特別是中小型股的投資人很少，有非常多資訊效率性極低、沒人理會的股票。**對這種企業進行調查，不需花費太多精力，便可找到很多沒被發現的認知差距，也就容易從中獲利。**

依照證券公司提供的訊息投資，失敗率高達6成！

前一節裡提到，若想在投資上獲利，就要盡可能在不具資訊效率的地方努力。但是，為什麼一般人不太知道這件事呢？

這和證券公司有很大的關係。因為證券公司是投資人和市場之間的仲介，每成交一筆買賣，他們就能獲得一筆相應的手續費。換句話說，投資金額較大、買賣次數較頻繁的大型股，能讓證券公司賺到較多的手續費，所以比起小型股，他們傾向推薦客戶購買大型股。

事實上，證券公司分析師撰寫的報告幾乎都是關於大型股，它們的業務員也運用這些報告，推薦客戶買賣大型股。只要我們多聽多看他們的推薦理由，就會曉得他們所提供的資訊，都只是利用企業已經發表的數據，雖然寫得煞有其事，其實裡面完全沒有更深入的調查或獨家資訊。這些報告不過是整理了一堆股價已反映完畢的事而已。

此外，也有實驗數據顯示，如果完全按照證券公司分析師的報告進行買賣，失敗率竟然超過六成。

雖然小型股的確也有企業可信度較低、缺乏事業競爭力、較容易業績惡化等缺點，這種說法只要當作是證券公司的陷阱，聽聽就好。

即便是小型股，也是上市企業。缺乏事業競爭力這一點還算符合邏輯，但我們應該反過來思考，**與其投資成長空間有限的大企業，不如發掘新事業剛起步、未來準備成為大企業的公司**，還比較有趣。

一位成功的投資人最應該關注的，就是不具資訊效率的市場和股票。**在資訊尚無效率的狀態下進行投資，等該股票成為大型股、開始受到多數投資人注目時，就是賣出的好時機。**

前面提過的效率市場假說，除了否定在效率市場進行投資的獲利機會，其實也在倡導，不具資訊效率的市場潛藏許多價值差距，希望各位謹記在心。光是附和別人的意見，是無法投資成功的。乍看風險比較少的地方，反而風險還比較高。

不需太在意景氣等外部因素，因為那些都是落後指標

加州大學教授彼得・納瓦羅（Peter Navarro）曾經寫過一本名為《如果巴西在下雨，就快買星巴克》（*If It's Raining in Brazil, Buy Starbucks*）的書。書名的涵義是，從巴西下雨聯想到未來咖啡豆會豐收，從咖啡豆豐收聯想到咖啡豆價格會因此下跌，再從咖啡豆價格下跌，聯想到星巴克的原物料成本會減少、利潤會增加，所以最後星巴克的股價會上漲。

這暗示，企業業績與世界的變化密切相關，如果我們能夠搶先預測到這種變化，就能在股票投資上得勝。

對於像星巴克這種資訊效率非常高的股票，如果沒有在「巴西下雨」的新聞被

報導時就進行投資，確實很難賺到錢。

這種思考方式並沒有錯，我也不打算否定它。只不過，從現實層面考量，我們不可能逐條留意這種新聞，另一方面，星巴克的業績之所以變好，也不只是因為咖啡豆價格下跌而已。順道一提，其實我對星巴克的內部營運有點研究，還曾經到他們位於西雅圖的總公司採訪過，咖啡豆的成本比重其實非常低，對業績的影響並沒有那麼大。

如果各位有投資股票，每天都會看到各種相關新聞。像是美國的ISM指數（編註：Institute for Supply Management Manufatering Index，即製造業景氣指數，是由美國供應管理協會公布的重要數據，對反映美國經濟繁榮度與美元走勢均有重要影響）超乎預期地上漲、中國的煤礦價格下跌、日本的貿易統計如何又如何，例子不勝枚舉。

這時候必須注意，**這樣的總體數據其實只是計算企業業績時的一項外部因素，投資股票時還是不要太在意比較好。**

比方說，很多人都認為，全國房屋銷售量的統計數據低於預期，是一種景氣黃燈。即便房屋銷售量不佳，的確會對景氣造成很大衝擊，但不能就此判定景氣惡化。更何況，它會對我們投資的公司業績造成多少影響，時常都是未知數。

總體數據發表的那一瞬間，立刻會反映在匯率等指數上，但總體數據的動向是不可能事先預測的。就算是專業的經濟學家或策略分析師，也沒有人能永遠精準預測。

畢竟這種龐大的總體資訊，必須經過許多要素的堆疊，才會顯現出方向，光靠個人思考，很難正確掌握。也就是說，投資時不應過度在意企業業績以外的外部因素。

雖然資訊效率越高的大企業，越容易受到這些總體數據的影響，公司業績與外部景氣有高度關聯，但如同前面所說，這種大企業不應是我們關注的焦點。

另一方面，**雖然中小型股也會受到景氣等外部因素影響，若是新產品或新服務具有競爭力、充滿發展氣勢的公司，因為它們在業界的市佔率還很低，有很多能抵**

抗景氣寒波、持續成長的例子。換句話說，具成長力的中小型股，擁有抵抗外部因素的力量。

目前日本的新創企業中，有很多公司即使面對長期景氣低迷，或是像雷曼事件那種百年難得一見的危機，也絲毫不受動搖，業績和股價都持續成長。

至於大型股，更容易受到經濟不景氣等外部因素的影響。當外部因素發生重大變化時，它們的股票就會被拋售，導致股價暴跌。

我想告訴大家，為了外部因素改變投資判斷，無法提升投資成果。連專家都無法準確預測總體數據，我們也不應該隨之起舞。要是我們依然朝這種方向投資，就會變成賭博式的投機。

與其膽戰心驚，還不如調查每家企業的公開資訊和商業模式，不需要投入大量時間和勞力，就能得到很高的報酬。

重點整理

- ☑ 鎖定業績持續成長的企業，不需擔心股價暴跌。
- ☑ 從中長期來看，實際股價都會往理論股價收斂。
- ☑ 深入了解企業經營者，就能評斷該企業是否值得投資。
- ☑ 投資並非賭博，而是找出價值差距，進而創造獲利。
- ☑ 風險和報酬是一體兩面，投資潛力股也有必須承擔的風險。
- ☑ 在中小型股將要成長時開始投資，等它們成為大型股、受到多數投資人注目時，就是賣出的好時機。
- ☑ 中小型股較不易受景氣影響，並且能夠持續成長。

編輯部整理

第5章

學專家、大師篩選出成長潛力股的8個方法

方法1

了解社會2大趨勢，才能發覺一鳴驚人的公司

想找到一鳴驚人的公司，必須先察覺到社會的巨大潮流。

這裡的巨大潮流，並不是指總體經濟走向、目前的景氣狀況等關於景氣循環的事，而是社會普遍的潮流，也就是所謂的大趨勢。**想找出一鳴驚人的公司，就要找出這種大趨勢，並檢查該公司是否偏離。**

企業每天都被迫面臨嚴峻的競爭。最後付錢的消費者和公家機關很挑剔，他們追求最安全、最放心、最有效、最有趣，而且最便宜的東西。**企業興衰的速度非常快，跟不上社會潮流的企業，就可能被市場淘汰。**無論船長多優秀，逆風的船終究敵不過順風的船。

接下來，我想以自己日常生活的感受，為各位說明何謂大趨勢。

⊙IT革命

或許有些人會覺得，現在我們對以網際網路為首的IT革命已非常熟悉，沒什麼感覺，但是這場革命，恐怕已經超越十八世紀中期發生的工業革命，而且還在持續當中。

網路早已在我們的日常生活和產業界扎根，它的世界是由CPU（運算處理）、通訊和記憶體三項要素所組成。這三方面的技術，至今仍不斷出現令人驚奇的革新。

拿新上市的資訊裝置的CPU，和一年前上市的產品相比，雖然價格相同，處理器效能卻完全不同。通訊速度亦然，一秒鐘內能傳輸的數據量，仍年年以十倍數的速度成長。

儘管經濟學家很苦惱找不到全球不景氣的壓力來源，我想唯一的原因就是，ＩＴ革命已經滲透一般人生活的每個角落，導致所有商品和服務的價格下跌。也有人用「比特幣經濟」或「免費經濟」，來描述這樣的改變，據我試算的結果，因為網路三種要素的價格下跌所產生的負面相乘效果，資訊交換的價格正以每年超過負五〇％的速度下跌。

幾年前，一套要價上萬日圓的影像處理軟體或作業系統，如今變成只要幾百日圓就能買到的個人用應用程式。ＩＴ革命讓許多事物高度效率化，未來的數十年，它肯定還是巨大潮流，為我們的生活、工作、價值觀等帶來各種變化。

那些無法享受ＩＴ革命帶來的好處，或是無法跟著進步的公司，光憑這一點，就處於不利的地位。比方說，某家公司的員工到現在都還認為：「打電話或傳真比寄電子郵件方便」，不論他們是哪種行業，我都覺得這家公司已經過時。

⊙貨幣寬鬆政策

我再以雷曼事件發生後的全球金融狀況為例。

為了挽救雷曼事件造成的泡沫崩壞，以及其後的經濟危機，日本的日本銀行、美國的聯邦準備銀行（FRB）、歐元區的歐洲中央銀行（ECB）、英國的英格蘭銀行（BOE）等主要國家的央行，都採取前所未有的貨幣寬鬆政策，擴大各國的資產負債表。

尤其是世界經濟中心的美國聯邦準備銀行，資產負債表竟然整整膨脹五倍，在市場上投入了兩兆美元的資金。這時候，因為其他各國的央行都在擴大資產負債表，使美元兌換其他貨幣的匯率免於暴跌，各國貨幣也都呈現相對穩定的變動。

然而，如果拿貨幣和其他資產相比，人們對貨幣價值的信任會產生強烈動搖。世人開始擔心，各國央行將無止盡地發行已經無法代表任何財富的貨幣，以修補眼前的經濟危機。因為對歐美資本主義體制感到不安，世界各地都出現將資產換成黃金或土地等形式持有的現象。

這種對金融體制的不安，是一股中長期且持續性的巨大潮流。只要有任何公司仍以貨幣進行交易，它就無法完全脫離央行的政策。也就是說，除了投資股票的風險會逐漸增加，**對於仰賴銀行借款或只發展國內事業的公司，最好也多加留意。**

現在這個時代，我們連國家也無法完全信任。**我們必須具備就算國家經濟崩壞，也可以保護自己的能力。**就這一點來看，提升資產管理能力非常重要。

此外，雖然稱不上大趨勢，還有非常多小趨勢正在發生，也應隨時注意。趨勢不分大小，重點在於誰最先掌握它，並將它運用在股票投資上。

以上我只舉了ＩＴ革命和全球性貨幣寬鬆政策兩大社會趨勢，或許大家還察覺到其他重要潮流正在悄悄進行。

我們在投資時，千萬不可違背這些從新聞或生活中感受到的世界潮流。

方法2

學基金經理人善於串連資訊，掌握產業動向

專業基金經理人重視的，其實是一般外界流通的資訊和新聞。雖然他們也可以從證券公司的分析師、自己公司的分析師、外部的研究機構得到資訊，當他們想掌握未來趨勢時，也是透過各位平常接觸的管道來獲取資訊。

例如雜誌，除了商業類雜誌之外，他們也會閱讀業界人士才會看的產業新聞。網路上的資訊實在太多，難以進行篩選，但其實只要四處瀏覽，同時確認幾個能幫助掌握現今潮流的網站就好。

以我自己來說，為了確認遊戲業界的動向，我會瀏覽「Social Game Info」（網址：http://gamebiz.jp/）這個日文網站，以及「CONSULGAMER」（網址：http://

www.consulgamer.com/）這個英文網站。我會將各種專門網站分類，並加進瀏覽器的書籤裡，有空時就檢視一下，以便提早掌握各種微小趨勢。

先這樣一點一點地將各種資訊放進腦袋裡，等哪天再看到相關資訊時，就能馬上把所有片面資訊串連起來。如此一來，就可以掌握各項趨勢中的細微脈絡。

能掌握趨勢和不能掌握趨勢的人，最大的差異在於是否具有好奇心，這和學歷無關。不具備這項要素的人，絕對不適合投資。

投資可說是專家的世界，雖然其中也有完全不具好奇心的人，只憑藉優秀的學歷，就不小心踏進基金經理人的世界，只把這項工作當作在上班。然而，這種人一定無法生存下去，立刻就被踢出這個世界。

相反地，**如果仔細觀察那些資歷豐富的基金經理人，會發現他們每天上班都很興奮，好像隨時都準備發現新事物一樣**。各位如果有機會和這種人聊天，一定會很驚訝地察覺，他們竟然連一些偏門的資訊都能掌握。

方法3

觀察公司的首要重點，是看經營者的想法與做法

我採訪過無數家公司、做過無數投資判斷，如果你問我，觀察一家企業的首要重點是什麼，我一定會回答你：「總經理的特質」（編註：日本上市企業的社長，相當於台灣企業的總經理）。公司業績會不會成長，八成以上取決於總經理。

企業所有的決策都由總經理負責。**事業策略也好，財務策略也好，投資決定也好，員工的成長與工作動力也好，全都仰賴總經理一個人的見識**。其他員工，都只是管理、執行總經理的決定。換言之，總經理就好比掌舵的船長，其他人只是船員。無論是多大的船，這樣的結構都不會改變。

就算公司裡有以一擋百的優秀員工，或許能憑一己之力創造出暫時性的高昂氣

勢，但他仍然無法扭轉整個戰況。相反地，**只要總經理這名大將夠優秀，即便我方的氣勢被完全壓倒，也可能獲得最後的勝利**。只要觀察歷史上的名人就會知道，所有成功領導者的共通點，就在於他們的決策又快又精準，想法合理又不偏頗，同時還擁有能夠振奮人心的魅力，就像是一個人同時擁有最鋒利的矛和最堅固的盾。

雖然經營公司不是打仗，但同樣得在競爭當中獲勝，所以公司領導人必須具備那些歷史名人的素養。很可惜的是，在日本，總經理不是一個專門的行業，通常是由正式員工中一路升遷順遂，或是從總公司空降過來的人擔任總經理，所以很多總經理的能力並沒有達到該有的水準。因此，對於日本的股票，只要我還沒和那家公司的總經理直接會面，我就不會投資。

相對地，美國是一個有專業經理人的國家。當一家公司的業績惡化時，股東本人或是承接股東意願的委員會，會去尋找適合的總經理，以便重建組織。這些總經理的前一份工作，經常是完全不同的業種。電子設備公司的前任總經理，可能跑去擔任百貨公司的領導人，貿易公司的總經理則可能變成成衣業的老闆，這種狀況並不罕見。因為總經理要具備的，並不是業界的專業知識，而是創新的組織架構能力。

這些接下工作的總經理，大多會收到大量的認股選擇權作為報酬，並以提升業績和提高股價作為經營公司的首要目標。這是為了讓總經理和股東的利害關係達到一致。雖然給予新任總經理認股選擇權，對舊有股東是一種成本，但是讓新任總經理願意幫忙重振公司業績，這樣的代價其實相對便宜。改革可能會伴隨出售事業體或裁員等痛楚，但上市企業就是必須背負提高公司獲利的責任，這也是沒辦法的事。

日本上市企業總經理最欠缺的，就是「股東是我的老闆，我是被他們任命來經營公司的代理人」這樣的觀念。很多人都只是因為正好在公司裡升遷路途順遂，才當到這個職位，成為上班族總經理，所以都只想平安做完這段任期就好。在我的印象中，日本上市公司有七成左右的總經理，都沒有盡到他們應盡的責任和義務。

不過，在日本企業當中，還是有足以向全世界誇耀的優秀總經理。

信越化學公司的金川社長，就是一個很好的例子。信越化學在生產「聚氯乙烯」和半導體原料「矽晶片」等方面，擁有全球第一的市佔率。然而，若是沒有金川社長，信越化學不可能像現在這樣享譽全球。金川社長是手腕高明的業務、看準產業未來投資的天才，是做事縝密的公司財務負責人，更是能夠展現公司遠景的領導者。

在思考要投資哪項產業時，他會仔細分析中長期的社會潮流，以「未來全世界一定會有的需求」為出發點，做出適當的選擇。雖然乍看之下，他選擇了很難做出差異化的聚氯乙烯這種塑膠，但金川社長評估過公司的財務體質、製作產品的效率與研發能力，以及經營團隊的優秀程度，確信公司能做到世界第一，才決心投入這項比別人晚起步的大型科技，並在最後贏得全球壓倒性的市佔率和收益。

每當公司遇到發展困難的情況時，金川社長總是親自站在最前頭，鼓勵現場的員工，同時也會檢視從全球工廠和業務單位呈報上來的每日數據，從數字中的些微異狀，提前察覺世界經濟的變化，並加以因應。雖然世界這麼大，能夠每天計算集團整體營利的公司，就只有信越化學了。像這樣的公司，投資人能安心地長期持有它的股票。

誠如先前所提，請各位**在觀察一家企業時，務必確認公司領導者是怎樣的人**。總經理的經歷可以從有價證券報告書等官方文件，或在網路上查到，各家公司的官網上，還可以看到總經理致詞或法說會等活動的現場影片。

若無法查出總經理的為人和成就，這家公司是不適合股東運作的公司，沒有投資的必要。就某方面而言，這是一項很重要的資訊。

方法4

企業有沒有競爭力？請留意組織文化是開放或專斷

前面提過，經營高層最重要的工作，就是建立強大的組織。因此，即使已經確認總經理有確實工作，並具備經營上的見識，也要確認這家企業的組織文化。

強大組織的定義應該涵蓋許多層面，但我最重視的是公平和開放。

一個組織要公平，具體來說，就看它是否講求實力至上。確認公司人事評鑑和給薪不是依據年資，而是根據實力或實際成績的公正評價。

一個組織要開放，就看內部溝通是否良好。部門間或職位間沒有差別，每位員工都可以自由表達自己的意見，便是最理想的組織環境。

我曾經拜訪過一家公司，那家公司的經營主管不只把總經理的發言當作玩笑話，有時還會吐槽兩句。他們不會因為開玩笑就失去對彼此的信賴，從這一點就可以感覺到，他們的關係平等且開放。

相反地，有些公司的總經理以為自己是皇帝，他的指示就是一切。部屬只能執行長官的命令，即使命令有錯也不能說什麼。這種公司的組織就非常脆弱。

雖然公司內有深具領袖魅力的經營者，所有人都聽從他的命令行動，工作效率會很顯著，但這位經營者的判斷出錯時，所有人就可能一起往錯誤的方向衝刺，因為總經理一個人的失誤，造成致命危機。

再者，如果連工作現場的創意發想也都全部依賴總經理，這家公司就不是以一個組織，而是以總經理一人的力量在戰鬥。如此一來，公司無法在現今的商場上存活下去。**一家企業要保有競爭力，還是得集結眾人的智慧，靠大家一起努力前進。**

無論企業業績如何成長，我只要看到該公司是由經營者一人君臨天下，我就不會想投資。因為人的能力有限，不可能靠一個人獨撐公司，或是不斷複製過去的成功經驗。

方法5

持續以新技術與創意延續命脈的公司，值得投資

總經理和組織素質高低，是選擇投資標的時最基本的判斷原則。如果符合這些原則，就要分析事業競爭力。

分析事業競爭力的方法有很多，最常見的是五力分析。（註：Five Forces Analysis，是指從供應商的議價能力、買方的議價能力、競爭企業間的敵對關係等三項內部因素，以及來自新加入業者的威脅、來自替代品的威脅等兩項外在因素，來計算事業競爭力的方法。）

不過在這裡，我想為大家介紹一個更簡單的方法。比方說，以收益性高低作為衡量指標。只要一家公司的收益性高，就足以代表它具有事業競爭力。只不過，我

們必須注意，這樣的狀態能否一直維持下去。

假設現在這個時間點，A公司的營利率有二五％。然而，若它的產品或服務任何人都可以模仿，恐怕很難維持這二五％的營利率。競爭對手越多，會產生越激烈的價格競爭，原本二五％的營利率，應該會慢慢降低到一五％，甚至是五％。對製造業類來說，這種現象更是常見。

我舉個例子。液晶螢幕裡有一種不可缺少的零件叫做「偏光片」，庫拉雷公司（KURARAY）在這種偏光片的核心零件「聚乙烯醇」（PVA）薄膜上，擁有全球八成的市佔率。

庫拉雷公司本來就是製造聚乙烯醇的大廠，後來又將這項產品進行特殊延伸，研發出讓它薄膜化又具偏光性的獨家技術。因為這種薄膜只有庫拉雷做得出來，又是液晶螢幕不可缺少的零件，該公司的營利率應該超過六〇％。

想當然，其他廠商也會覬覦這種產品的高收益性，默默在檯面下研究開發。看是要和庫拉雷公司做一樣的東西，還是用新製程做出具有同樣效果的產品，總之，其他廠商都設法踏進這個由庫拉雷公司獨佔的市場。

於是，新的突破終於出現了。幾乎同一時間，日東電工和住友化學成功開發出一種名為「光阻覆蓋聚乙烯醇」（Coating PVA）的技術，能在普通的透明薄膜塗上具有偏光性的樹脂。這一瞬間，庫拉雷公司對聚乙烯醇薄膜的價格決定權，可以說出現了巨大的動搖。

由此可見，即便是擁有全球八成市佔率的產品，也很難一直維持它的競爭力。老實說，無論是多麼優秀的產品或服務，總有被突破的一天。

不過，**有一樣東西是其他公司再怎麼研究，也絕對沒辦法模仿的，那就是前面提到的組織力。**因為每個組織都是獨一無二的，組織文化應該算是讓企業保有競爭力的最佳武器。

只要組織建構得很扎實，即使一項產品被其他公司模仿，也可以再用別的技術或創意，創造出新的產品或服務，延續企業的命脈。雖然每一項產品都有它的生命週期，但是組織並沒有。這就是我很重視觀察企業組織的原因。

投資分析手法五花八門，但事業競爭力就在於組織本身，這或許可說是我自己的獨特觀點。

方法6

想獲得新鮮的投資主題，得從親身體驗出發

尋找投資主題的方法有很多種，但是我建議大家想得簡單一點。因為每個人的背景、經驗、好惡、思考方式、信念都不同，投資主題也應該因人而異。

投資股票不能依賴他人。光是依照證券公司業務的建議購買某支股票，就已經註定不會成功了。因為對方告訴我們的那些資訊，早就已經反映在股價上。擁有和別人不同的思考方式和觀點，比較容易找到尚未反映出來的價值差距。

我隨時隨地都在尋找投資主題。我說的「隨時」，可是一點也不誇張，因為我每天二十四小時都在生活中尋找。

例如看新聞時，感覺人們的思考方式和世態有何變化。在便利商店裡發現新商

品時，看看它是哪家廠商做的。藉由瀏覽雜誌了解現在的流行。搭捷運時，隨時觀察周圍的人在做些什麼。看電影時，數一下同一廳有多少觀眾。例子不勝枚舉。

投資主題聽起來好像很難，但投資其實就是對公司投注資金。**因此，我們從生活裡得到的線索，會比學者闡述的那些高尚理論來得有價值。**雖然我有時也會參考外界的看法，但基本上，我還是比較傾向自己思考。如果投資時，我不選擇自己能夠接受的題材，將無法對客戶說明，當我判斷錯誤時，也無法及早注意。

我舉幾個例子。某天我和朋友在某家燒肉店用餐時，發現那家店的衛生有很多問題。用完餐後，我還是很在意這件事，所以到網路上很仔細地調查其他消費者的意見，因而得知，越來越多人覺得那家店的肉變難吃、店員的態度變差。最後，我判定這家公司的業績將超乎預期地惡化，於是對它進行賣空。

不出我所料，這家公司一被證實單月營收惡化超出預期，同時還有許多公司計畫尚未完成，股價便迅速大跌。雖然它快速地與不同業種的公司合併，急速擴大公司規模，後來因為採取控股公司體制，導致無法直接管理旗下的事業體，最後連最基礎的燒肉店生意都失去消費者的支持。之後，這家公司也未能做到經營重建，最終只能黯然退出市場。

再舉一個例子。九州有一家經營藥妝店的公司首次公開募股。雖然我原本對地區性的藥妝店沒有多大興趣，但這家公司社長將他對事業的熱情、對店內商品陳列美觀的堅持，以及重視員工的態度，確實地傳達給我。我甚至為了深入調查這家公司，去過好幾次它位在福岡的總公司，也實際以消費者身分到九州當地的店面視察，最後我確信它今後的業績也會繼續突飛猛進，就對它投資。

因為它的商品非常齊全、購買方便，待客也很親切，深受消費者好評。後來，店舖慢慢擴及整個九州，接著一步步從四國、中國、關西，由西向東不斷增加數量。縱使零售業很難做出差異化，這家公司卻持續從小地方不斷改善，磨練出壓倒其他公司的競爭力。雖然它的社長常說：「我只是在做零售業該做的事。」他還是用數字證明，即便是競爭激烈的藥妝店，後起之秀一樣可以搶下市佔率。這家公司的股價，在上市後的十年內翻漲了十倍。

這些投資主題並不是從什麼特別的資訊中發現，而是我從消費者的親身體驗出發，想像企業未來的樣貌才找到的。因為公司是活的，光看決算財報上的數字，無法看出真相。上述兩家公司的例子也是如此，就連專門觀察企業的專家，都沒有發覺到它們的變化和潛力。

想在投資股票上獲勝，就要發現這樣的認知差距，所以比起別人告訴我們的資訊，從自己身邊得到的見識和創意更有意義。愛打電動的朋友最近迷上的遊戲，或許蘊藏著價值千萬的資訊。超市架上最快搶購一空的泡麵，或許會創下驚人的銷售紀錄。一直覺得很好用的網站營運公司，或許某天會突然爆紅。投資主題就是這種總是徘徊在我們身邊的事物。

有些人可能會想：「這樣不就只能投資自己身邊的東西嗎？」其實，我們沒必要投資自己不了解的事物。對於我們不怎麼熟悉的產業，例如：製造半導體用的光阻劑、製造產業用機器人的關節用馬達、製造建築用的混凝土樁等公司，沒有必要硬去投資。上市企業那麼多，我們只要選擇自己有資訊優勢的領域來應戰就好。

方法7

勝利投資人的基本功，是檢視企業財務與營運狀況

如果各位在尋找投資主題的過程中，發現了吸引你注意的投資主題，或是可以列入考慮的股票，在真正開始投資之前，請再仔細調查一下。

請到那家企業的官方網站上，閱讀法說會的相關資料，再確認董事長是怎樣的人。最好連財務報表都分析一下，但不那麼戒慎恐懼也沒關係。

只要多看一點企業情報雜誌，就能夠大致確認各家公司的營運狀況，而且每家公司的財務報表格式也都一樣。

若想在短時間內檢視完財務報表，可以檢視以下幾項重點。

- **確認損益表中的營收、營利總額，看看它們的成長率與營利率有沒有改善。**
- **確認資產負債表中資產部分的庫存和應收帳款總額，看看它們是否低於營收成長。**
- **確認負債部分的長短期借入款與資本部分的總額，計算公司的淨負債資本比（以長短期借入扣除款資產部分的預備現金後，再除以資本部分的金額）。**

企業的淨負債資本比越大，代表它的財務體質越脆弱，借入款與預借現金的差額比資本大越多倍的公司，抵抗不景氣的能力越弱，增資等風險也就越高。

光是快速檢視這幾項重點，就會對我們的投資判斷造成很大的影響。只要先從這些客觀數據，想像投資這家公司要負擔多大的風險，無論最後成功與否，我們都能往勝利投資人更邁進一步。

這些都是為了提高報酬、發現不必要風險的高效率手法，也是為了成為勝利投資人最基本的技能。

投資想獲得全勝是不可能的，但只要結果是六勝四敗，應該就足以讓你成為有錢人。

方法8

怎樣分辨績優股與地雷股？請牢記各自的5大特徵

過去我採訪過很多企業，根據我的經驗，會成長的企業和不會成長的企業，分別有幾項共同徵兆。當然，公司是活的，總有我們預期不到的變化，所以我也不敢一概而論，但這些是我覺得命中率較高的幾項重點，請大家在投資之前先檢視一下。

首先，會成長的企業有以下五個徵兆。

⊙收益性正在上升

一家企業的收益性要如何評估呢？如果是服務業，就要計算營利率（營利除以營收）；如果是經常投資新設備的製造業，就要計算EBITDA Margin（註：Earnings Before Interest, Taxes, Depreciation and Amortization Margin，即未計利息、稅項、折舊及攤銷前的營利率。計算方式是折舊前營利除以營收）。**這些收益性指標都能如實呈現出企業的實力。**優秀經營者管理的公司，收益性會因為累積技巧與知識，以及減少浪費而持續上升，由此可看出事業競爭力提升的徵兆。此外，也請檢視庫存和應收帳款的成長程度。企業若能將這兩項的成長率控制在營收成長之下，也同樣代表企業事業競爭力有所提升。

⊙經營者用心提升ROE（股東權益報酬率）

因為股東的收益是以ROE來呈現，優質企業的經營者會把提升ROE（股東權益報酬率，計算方式是當期淨利除以股東權益）作為經營公司的一項要務。企業的收益性提升，當期淨利也會提升，ROE就會跟著提升。相反地，如果企業將賺到的錢拿去投資其他事業，或是不透過配股或買回自家股票等方式，將資金確實返還給股東，那麼分母的股東資本增加，ROE就會下降。請從法說會相關資料，確認該企業是否有將提升ROE作為目標。

⊙往收益性高的地方投資

會成長的企業在投資新事業或進行企業併購時，會選擇比公司目前收益性更高的事業。對既有事業的投資也是，他們會以提升收益性作為前提。相反地，沒有仔細檢視收益性而做出許多無用的投資，或是將不賺錢的事業長年擱置不管的公司，一定會每況愈下，最後被迫退出市場。因此，請檢視該企業是否符合重視收益性這項投資規律。

⊙帶給許多人幸福

上市企業背負著必須不斷提升營利的責任。要推測企業能否長期成長，有一項便利指標，那就是這家公司的產品或服務能否帶給世人幸福。一家企業會成長，最單純的原因就是，它的存在受到人們和社會的支持。以誇大不實的廣告欺騙消費者，或是必須像賭博一樣讓某些人不幸，才能繼續維持下去的事業，一定不會長久。在帶給人們幸福時才會產生財富，是金錢的一項特質。如果一家企業讓你第一眼就心生厭惡，沒有必要硬逼自己投資。

⊙公司治理確實

營利不斷大幅成長的企業有一個特徵，就是它們有很多外部董事。這些企業會找在其他業界有成就的人來擔任董事，請他們從不同的角度來檢視總經理的工作，發揮公司治理的功能。相對地，由創辦人兼任總經理和董事長的企業，則是獨裁式的經營，沒有做到公司治理。如此一來，當總經理的能力不符合組織需要的標準時，沒有人能修正這種情況。此外，當總公司以持股公司的身分，將其他事業體納入旗下，也就是採取所謂的控股體制時，通常也會有公司治理偏弱的傾向，請各位多加留意。

接下來，為大家說明，不會成長的企業有哪五個徵兆。

⊙擁有與本業完全無關的事業

例如，製造印刷墨水的公司經營健身房或高爾夫球場，或是從事系統工程的公司開起速食連鎖店等等。這種企業的經營者，很顯然沒有考慮到提高收益性或改善資本效率。

⊙中期經營計畫未明確標記目標數值

有些企業不會用明確數值，標示出與投資人約定的未來目標。雖然這些企業的營利仍有提升，股價走勢圖看起來也很亮眼，但之後經常變得外強中乾。無法以明確數字做出承諾的經營者，很容易有明哲保身的傾向，必須特別小心。

⊙蓋總公司大樓

蓋總公司大樓完全不具經濟合理性。就算是大企業，總公司也只需要一層樓就夠了。即便是注重創意的公司，核心員工也頂多數百人。事業環境每分每秒都在變化，即使為了蓋公司大樓投入大筆金錢，也無法提高獲利。信越化學的總公司，就只有一間讓人誤以為是中小企業的小型辦公室。他們就算花錢在公司上，一定也都是用於工廠建設。

⊙總公司的櫃檯小姐都是美女

若一家公司有超過三個櫃檯小姐，而且全部都是美女，那是很危險的徵兆。依照一般的招募方式，或是委託派遣公司僱人，三位都是美女的機率很低。因此，如果三名櫃檯小姐都是美女，表示這家公司極可能不會給人公允的評價，內部有溝通不良的問題。越是生產力低、官僚化的組織，越有這種傾向。

⊙總經理開始出現在業界報紙以外的媒體上

如果一家企業的總經理開始出現在與本業無關的媒體上，也是很危險的訊號。專注在公司發展上的總經理，不會大肆宣揚自己的成功。登上時尚雜誌或愛炫耀名車的總經理，表示他們對自己的人生已經感到滿足。事實上，有這種總經理的公司，通常不久後就會出現事業崩盤的現象，例如：公司治理惡化，或是市佔率被競爭對手搶走等等。

重點整理

- ☑ 了解IT革命與貨幣寬鬆政策兩大趨勢，才能發覺一鳴驚人的公司。
- ☑ 能夠掌握社會趨勢、經常投資成功的投資人，都對周遭事物具有強烈的好奇心。
- ☑ 要判斷企業有無競爭力，經營者特質和組織文化都是觀察重點。
- ☑ 持續以新技術與創意延續命脈的公司，值得投資。
- ☑ 從自己的親身體驗出發，就能找到深具潛力的投資主題。
- ☑ 績優股與地雷股各有五大特徵，應依此慎選投資標的。

編輯部整理

第6章

學6個勝利方程式，讓你擁有贏家心智

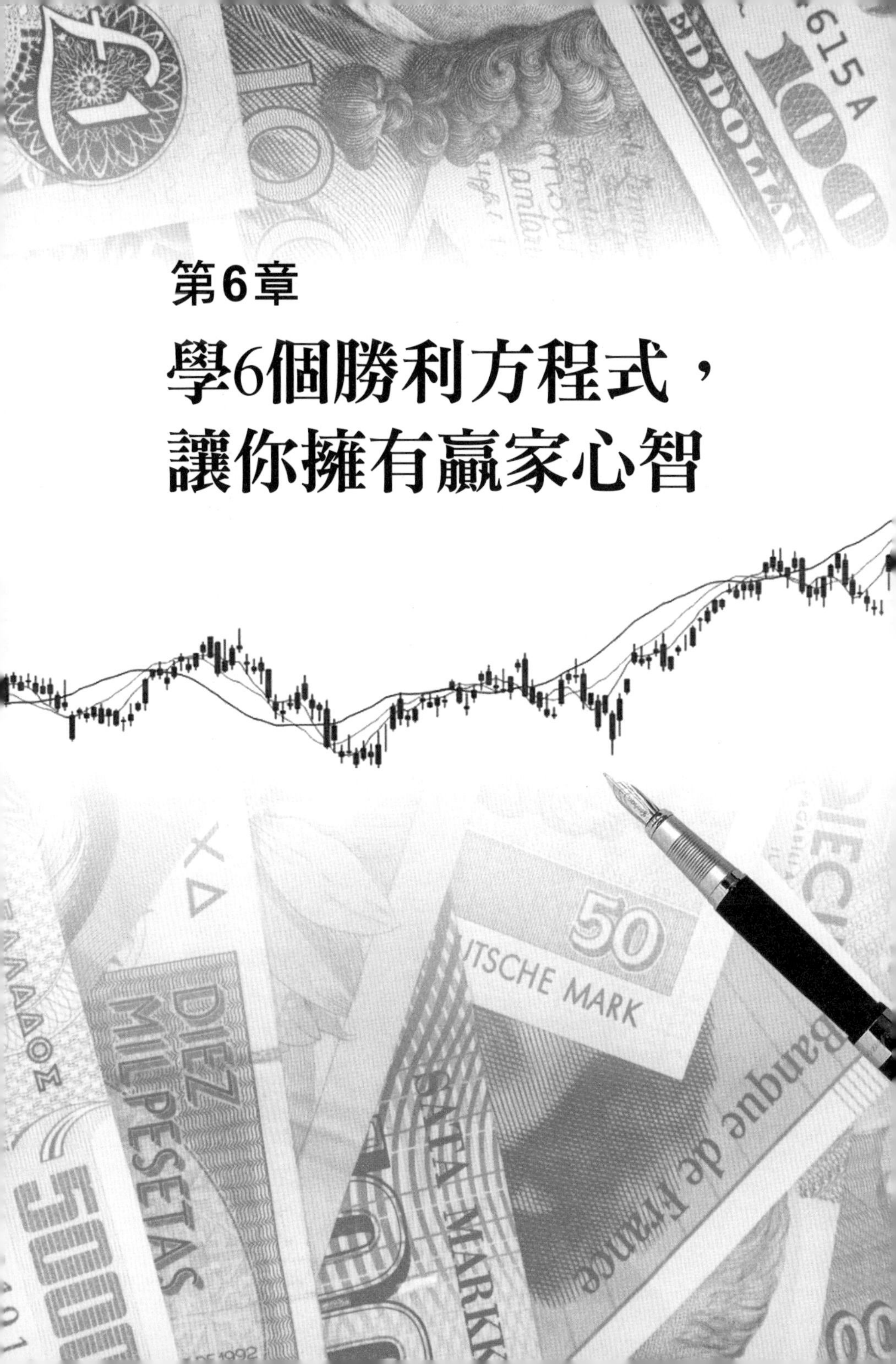

法人買低賣高的訣竅是……

決定好投資的股票後，接著就是投資一定要成功。因此，**我們必須盡可能買到最便宜的股票。**

股市行情既沒有終點，也無法預期。即使我們想到的投資主題是正確的，想到的當天也可能不是最好的進場時機。後面會談到，長期投資或是以資產組合進行投資時，可以不必那麼在意進場的時間點，但盡量買到便宜的股票，還是最重要的。

事實上，**對擅長操作股票的基金經理人和專業交易員而言，光是選對買賣時機，每年就會對績效造成〇．五%左右的影響。**大家可能會覺得〇．五%很少，但對分散投資的大型資產組合來說，這代表個別股票的績效可能相差了好幾個百分點。

接下來，我想幫各位簡單統整一下，應該以哪些基準來判斷進場時機，以及用哪種手法購買股票比較好。這些都是我實際在建構投資組合時使用的方法，大家可以參考。

訣竅1

估算進場時機，看基本面，也看3種技術指標

⊙運用平均成本法

運用平均成本法，是為了盡可能降低短期行情對股價變動的影響。假設打算買進五百股A公司股票，就每隔一段固定時間，一次購買一百股。例如，我決定每個月初都買一百股，那就依照這個原則，不論當天股價多少，連續五個月的月初都固定買進一百股。這有點像是零存整付的概念。

這種方法的好處是分散進場的時間，以進場當時的平均價格購買股票。投資期間越短，股價越容易受到市場本身的變動，而非個別評價的影響。投資時，我們看

中的是股票本身的評價會上漲，如果股價只受到市場變動影響而波動，就失去投資的意義了。運用平均成本法，能夠減少這種市場變動的影響。

此外，平均成本法除了前述定量購買的方式之外，也可以採取額購買。事實上，**要發揮平均成本法的最大效果，定額比定量更有效**。簡單地說，定額購買不是將五百股分成五次投資，而是假設資金有一百萬日圓，每次都投資二十萬日圓。

這樣一來，股價高時能買進的股數會變少，股價低時能買進的股數會變

運用平均成本法購買股票

買進日	買進價格（日圓）	買進股數（股）	買進成本（日圓）
1月15日	2,000	100	200,000
2月15日	1,500	133	200,000
3月15日	1,000	200	200,000
4月15日	1,300	154	200,000
…	…	…	…
平均（合計）	1,600	（1,250）	（2000,000）

多。比方說，假設每股價格是兩千日圓，二十萬日圓可以買到一百股，如果每股價格是一千日圓，能買到的股數就變成兩百股。反覆這樣操作之後，因為整體而言，高價買進的股數較少，低價買進的股數較多，就能達到降低平均買價的效果。

⊙運用技術分析

所謂的技術分析，就是將股價進行各種形式的加工，客觀檢視目前的股價處於什麼位置。

這種分析方法的特徵是，不會將股價與企業業績（基本面）連結，而是將其視作一串數列，從統計學、人類行為學的觀點來進行判斷。應該有人聽過「雙重底」（編註：又稱「W底」，是由兩個低點所構成，也就是股價在跌勢末端進行震盪，兩次下跌到約略相同的價位，即獲得支撐而反彈，在K線圖中形成類似英文字母W的圖形。此時，通常暗示波段下跌走勢即將結束，一旦股價突破W底頸線，行情便有很高的機會反轉向上）或「三重頂」（編註：又稱「三尊頭」，指的是股價在一段時間內上下震盪，三次上漲到相當的價格附近，隨即遇到壓力壓回所形成的頭部反轉型態。當三重頂形成時，容易造成上漲行情結束，一旦價格跌破三重頂的頸線後，波段下跌的可能性也會跟著提高）之類的術語，這些術語也是一種技術分析，是藉由圖形來判斷股價。

這裡我希望各位注意的是，**光靠技術分析，不可能一直獲勝**。

如果只要依循技術指標操作就能成功，大家一定都會採取相同的策略。如此一來，沒有人能賺得到錢。

以下列舉三個我平常使用的技術指標。不過，**對我而言，技術指標只是一種參考工具，讓我能以多少有利一點的價格，買賣我想投資的股票**。確實有些散戶完全不看基本面，只根據技術指標進行投資判斷，但無論他們再怎麼相信這些指標，股市之神終究不會對他們微笑。**關鍵在於，基本面和技術分析要一起運用**。

移動平均線（上升趨勢）

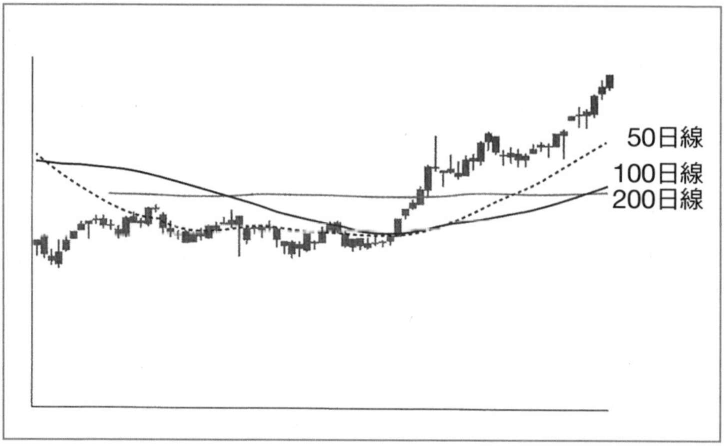

移動平均線（下降趨勢）

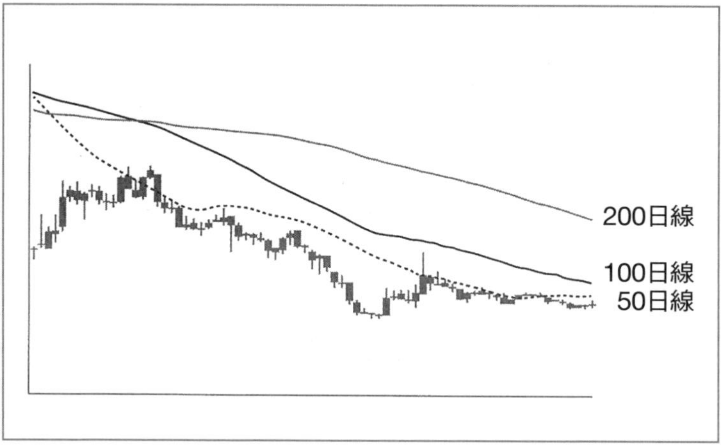

移動平均線

因為股價反映基本面需要一些時間，股價變動會產生一定的趨勢。移動平均線是這種趨勢分析當中，最廣泛使用的指標。一般來說，這種分析會取股票過去五十天、一百天、兩百天的股價平滑移動平均值，和實際股價重疊在一起檢視。這三條移動平均線將發揮股價抵抗線和支撐線的功能，天數越長的平均線效果越強。

如果大家想買的股票，股價走勢是向上攀升，而且是在這三條平均線之上，就可以視為「股價的上升趨勢還會持續」。相反地，如果走勢已經不再向上，而是開始從平移轉為下跌，不但跌破五十日線，還跌破一百日線，上升趨勢就有可能已經結束。像這樣，客觀判斷股價處於上升、下降、持平哪種趨勢，再來估算進場時機。

一目均衡表

一目均衡表和移動平均線一樣，都是掌握趨勢時使用的指標，但它會用到計算期間的最高價和最低價，透過稍微複雜一點的計算來判讀各種訊息。

要完全駕馭它非常困難。它的基礎概念其實和移動平均線類似，圖形中最重要的兩條線，稱作「基準線」和「轉換線」。**如果目前股價位於這兩條線之上，股價就具有上漲的力道，如果在它們之下，就表示下跌趨勢的力道比較強。**和移動平均線一樣，這兩條線也同樣具有抵抗線和支撐線的功能，所以當股價衝破它們時，就暗示股價可能進入趨勢轉換。

一目均衡表（上升趨勢衝破基準線和轉換線）

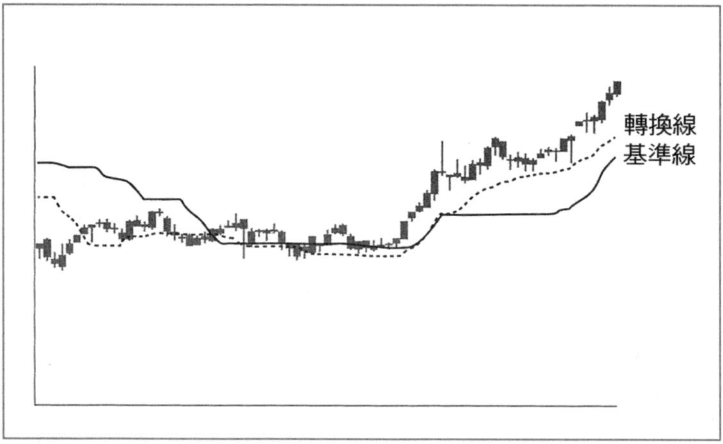

RSI

RSI是 Relative Strength Index（相對強弱指數）的縮寫，它是以股價會上下震盪為前提，以五十為中心，將股價換算成零到一百的指數，以此客觀檢視股價現在的位置。**如果股價的RSI指數低於三十，一般會認為它被超賣，超過七十，則會認為是被超買，很可能發生反轉。**

觀察各種股票的RSI就知道，當RSI高於七十或低於三十時，股價的漲跌確實會到達顛峰，並且出現反轉。

RSI

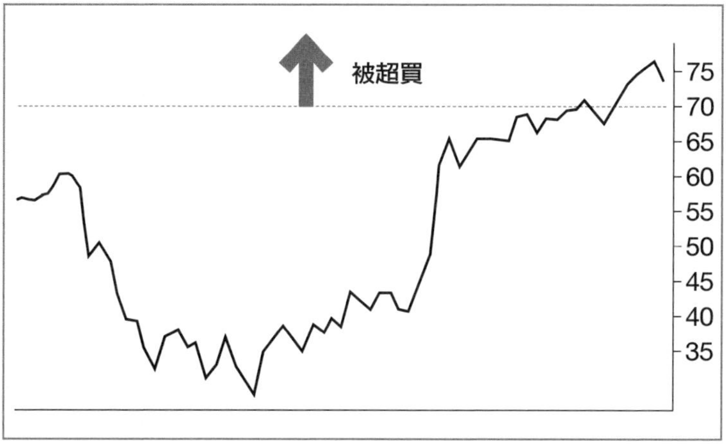

然而，因為ＲＳＩ完全是以股價會在相同範圍內擺盪為前提，要是股價超出可評斷的範圍，這個指數就等於完全沒有作用。

前面已經提過，完全不考慮企業業績，只把股價視作一串數字，依循技術指標進行買賣，是不可能一直獲勝。不過，為了盡可能以更有利的價格買賣股票，請大家將技術分析當作協助進行客觀判斷的工具。

訣竅2

長期投資持續成長的公司，勝過關注短期行情

決定好要投資的股票，也實際進場投資之後，接下來就是等待成果。進行投資的這段期間稱為投資期限，而適當的投資期限應該是多久呢？

就當沖客而言，有人一天會來回買賣好幾次，也有人透過電腦進行所謂的「演算法交易」，一秒就能下單數十筆。

我不推薦大家做這種短期交易。因為在投資的世界裡，時間越短越接近投機，交易得越頻繁，勝率也就越低。

外匯交易可說是典型的投機交易。全世界大概有九成的外匯交易都是虧錢的。

雖然猜中匯率短期內是漲是跌的機率，似乎和擲骰子猜單雙數一樣是五〇%，但考

慮到換匯的手續費，勝率其實比五〇%還低。

雖然有些人可能會誇耀，他們靠著技術指標獲得很高的勝率，但那只能說是一種倖存者偏差（Survivorship Bias，是指市場上只會留下倖存的人，所以聽不到失敗者的心聲，只有成功會被過度評價），幸運存活的人講話比較大聲，但千萬不要忘記，他們背後其實還有九成的失敗者。

另一方面，存活下來的人也不可能一直獲勝。即便有人誇耀他現在連勝九場，接下來輸掉的一場，也可能一次把前面九場贏的全部輸光。我們只要冷靜下來想想就會知道，沒有必要為了體驗投機的世界而散盡家財。

我建議各位進行長期投資。對於本篇開頭的那個問題：「什麼是適當的投資期限？」我的答案是：「沒有這種東西。」我希望大家**投資持續成長的企業**。**既然企業一直在成長，就沒有必要想什麼時候賣**。如果你投資的股票能有效運用你的資金，並為你帶來更多利潤，那你甚至一輩子都不需要將它賣出。

股價每天都在劇烈變動。只要市場上一出現新的正面消息，相關股票的交易量就突然暴增，股價也會跟著暴漲。這時候，大家應該會想：「如果我也搭上這波熱潮，應該很快就能賺到錢吧。」

然而，事實絕非如此。也許剛開始能夠順利獲利，但這畢竟是一種賭博，總有一天會抽到鬼牌。

股市行情經常突然豬羊變色。即使是順利上漲中的行情，也可能因為一件小事，甚至不需要任何原因，就突然像溜滑梯般急轉直下。

這時候，大家看到手中的持股價格不斷下跌，或許會為了停損，想把它們賣掉。但是**千萬別忘了，投資看中的是公司。只要還有穩定獲利，因為行情變調而暴跌的股價，一定會再度回升。**

做投資判斷很累人。就算只購買最小單位的股票，也得花上好幾萬日圓。大家選購家電時，肯定會花很多時間研究產品的性能、設計與價格之間的平衡。因為買股票花費的金額更大，更要謹慎思考，直到自己能夠接受為止。**雖然股價會受短期行情影響而波動，從中長期來看，每年獲利都在增加的公司，股價一定會上漲。**

這絕對不是在說漂亮話。投資股票真正的勝利，就是那種花上好幾年，等股價翻了好幾倍的時候。每次交易都要付一筆手續費給證券公司，還要因為短期無法預測的股市行情感到焦躁不安，這並不是好事。與其進行這樣的投資，**不如長期投資一家優質的公司，一邊收取股息，一邊用悠閒的心情看它成長，效率還好得多。**

股神巴菲特（註：Warren Buffett，美國著名投資人、經營者、資產家、慈善家，全球最大控股公司波克夏・海瑟威〔Berkshire Hathaway〕的董事長兼CEO）當然也是長期投資人。他會在徹底調查之後，才決定投資標的。基本上，**只要該企業的經營策略和理念沒有改變，他就不會賣掉它的股票。當股價因為行情變調而出現不應該的跌價時，他反而會追加購買。**當面臨行情調整時，長期投資人反而應該開心地覺得：「能用更低的價格買進，真是太幸運了！」這才是最理想的心態。

最耗費勝利投資人精力的是，決定是否投資的那段過程。

像烏龜般腳踏實地的投資人，績效將遠遠超過只專注在交易、像兔子般有瞬間爆發力的投資人。在投資的世界裡，這是不可撼動的事實。

訣竅3

想確認投資組合的風險，得找出股票之間的「相關係數」

同時投資多張股票或各種資產，組成資產組合，將可以享受到分散效果的好處。

比方說，假設A公司股票的投資風險有二〇%。這裡的風險，指的是價格變動幅度，因此股價很可能會在上下二〇%的幅度之間變動。如果我們只持有這支股票，風險就是二〇%。

接下來，假設B公司股票的投資風險是一五%，並且持有相同數量的A公司股票和B公司股票。此時的整體風險則是：

（20%＋15%）÷2＝17.5%

我想告訴大家，整體風險的估算其實沒有這麼簡單。因為風險是一種機率變數，我們還需要知道A公司股票和B公司股票之間的相關係數。假如過去A公司股票上漲時，B公司股票有七〇%的機率會上漲，它們之間的相關係數就是〇・七。

加入相關係數計算後，結果如下表所示。

重點在於，算式最後加上的相關係數〇・七。

若A公司股票和B公司股票的動向完全相同，相關係數是一時，答案就會變成單純的平均值——一七・五%。若是像前面假設的，相關係數是〇・七時，持有這兩支股票的組合風險，變成較低的

計算利用分散效果的風險範例

$$=\sqrt{0.5^2\times20\%^2+0.5^2\times15\%^2+2\times0.5\times20\%\times0.5\times15\%\times0.7}$$

=〔（0.5^2）*（0.2^2）+（0.5^2）*（0.15^2）+

（2*0.5*0.5*0.2*0.15*0.7）〕^（1/2）=16.2%

一六・二%。這就是所謂的分散效果。

相關係數的最大值是一，最小值是負一。相關係數是一時，稱作完全相關，代表兩支股票的價格變動完全一致。雖然這時候投資沒有分散效果，但這種機率其實不低。

相對地，當一些高度成長的股票大幅下跌時，某些原本一直在谷底徘徊的股票，反而可能會上漲。這表示，**它們的股價具有反向變動的性質，相關係數是負數，資產組合的風險也會大幅下降。**

剛才說明的，其實是一般資產組合理論教科書裡的內容。專業投資人就是將這種複雜的數學理論運用在實際操作上，享受投資的分散效果，調整整體組合的風險，並確認是否背負超乎預期的風險。因為他們操作的資金金額很龐大，並且要保護客戶的資產，這些計算對他們而言是有必要的。

訣竅4

我建構投資組合時，最在意的是企業軟實力

不過，說老實話，我沒有那麼重視前面所講的風險管理。

因為風險和報酬是一體兩面，背負的風險越小，資產組合的整體報酬也相對越小。如果我們將投資標的限縮到只剩幾支股票，無論再怎麼有自信，也會導致分散效果太小、風險太大的狀況。

雖然最適當的資產組合，是盡量讓風險減小、報酬增大，資產組合中每支股票的認知差距大小，其實才是決定投資成敗的關鍵。**若因為太在意分散效果，堅持將相關係數小的股票放進組合裡，反而是本末倒置。這也是專家很容易犯的錯誤。**

身為基金經理人，我在建構資產組合時最在意的，並不是這種數學上的分散，

而是「價值觀的分散」。就像前面提過的，我投資一家公司時，重視的是總經理的能力和組織文化。優秀的經營者所建立的組織，都具備公平、開放、讓員工懷抱夢想的特質，但若仔細觀察就會發現，在最重要的價值觀部分，每家公司都各有不同。

這種價值觀的議題，不會有正確答案。以業務性質為主的公司，為了讓獲利持續成長，就要擁有「讓員工成長」這種價值觀。製造販售健康飲料的公司，則會以「繼承創辦人開發的產品與精神」作為組織的使命。

我在建構資產組合時，會注意企業基本價值觀的分散。假使遇到行情調整的狀況，**因為組合內每支股票的企業特性都不同，自然會在業績上呈現出不同的變化，藉此發揮分散效果，獲利就不容易減少**。接下來，遇到上升行情時，因為每家公司都很優秀，經常會有超乎預期的成長，帶來令人驚喜的成果。

很多投資失敗的專業基金經理人，建構的都是一種稱作「配置中立」（Sector Neutral）的資產組合，其中各行業股票的比重和TOPIX等市場指標指數相同。

當遇到下跌行情時，因為這種資產組合的配置比重和整體市場相同，跌幅頂多和大盤一樣，可說是非常消極的操作手法。

請大家考慮分散效果的好處和壞處，並搭配出平衡的資產組合。沒有必要刻意追求分散效果，只要對自己有信心的股票長期投資，並建構出包含各種企業特質的資產組合，應該就能安心地看著資產組合自己變化。

就算是會成長的企業，短期內也可能發生出乎意料的事。即使是這種時候，資產組合內的其他股票，應該也會出現能夠挽回這筆損失的表現。真正會勝利的投資人，既懂得聰明地享受分散效果，又知道如何持續穩定地操作。

訣竅5

想分散和迴避風險，可以持有國外的股票與債券

建構資產組合的好處是，藉由持有多張股票，將風險配合人生階段調整。二十幾歲、還沒有什麼資產的年輕人，因為能失去的東西很少，傾向背負較大的風險、瞄準較高的報酬。相對地，退休後失去主要收入、只能慢慢花光積蓄的世代，對風險的容忍度比較小，追求低風險、低報酬的人就比較多。

截至目前為止，主要都是針對股票的部分做說明，但**在建構資產組合時，也應該多考慮外國股票或其他債券、不動產、期貨等資產**。如此一來，不僅得到的分散效果會比只投資國內股票還大，在我所重視的價值觀分散方面，因為擁有隸屬於不同文化的資產，自然也會比較分散。最重要的是，國外有非常多優秀的公司。

讓自己國家的股票佔據資產組合的大部分，被稱作「本國資產偏向」（Home Asset Bias）。據觀察，每個國家的人都有這樣的傾向，像是西班牙人以西班牙的股市、澳洲人以澳洲的股市、美國人以美國的股市為主等等，大多數投資人都會以自己國家的上市企業股票作為主要投資對象。因為我們大多從自己身邊取得投資主題，另一方面，因為投資也等於是支持我國企業，這種現象並非壞事。

只不過，全世界，尤其是美國企業，有許多靠著優秀經營團隊，持續創造出大幅成長的公司，這些公司的水準是我國企業很難達到的。因為金融市場沒有國界，當我們的資產不斷增加時，從風險與報酬的角度來看，也必須擁有宏觀視野，從全世界蒐集更多更具魅力的資產。

或許有些人會認為：「購買外國企業的股票，不是反而增加匯率的風險嗎？」但大家可以反過來想，如果所有資產都以本國貨幣計價，就意味著將所有籌碼都押在本國政府的政策上。回顧過去的數十年，只用日圓投資日本資產的人，和部分用美元投資美國股票的人相比，兩者的投資成果天差地遠。在全球化的金融市場裡，只因為自己是日本人，就只持有以日圓計價的資產，風險是很高的。

從中長期來看，日本的經濟成長，今後比歐美、中國還高的可能性有多少？

基於這個想法，請各位試著想像自己最理想的資產分配。如果你只投資股票，當全球性不景氣來臨時，你的股票市值將會大幅減少。**若想迴避這種風險，只要同時投資和股票相關係數很小的國債等資產，就可以將風險降得更低。**

匯率、國債或可用資源，就像是一面反映總體經濟的鏡子，不存在認知差距。只要以「這些國家似乎會變得比其他國家更強」的概念為基礎進行投資，利用這些國家競爭力的優勢，達到風險分散的效果，應該就能夠理解。

對進行全球性資產分散投資的大型資產管理機構分析績效，這些績效九成以上都取決於，對哪個國家、哪項資產、投資多少比例的資產分配效果。至於各位讀者的目標，是配合自己未來的花費與理想的資產組合，調整投資時的風險和報酬，沒有必要對全世界的金融資產進行分散投資。

不過，請大家記得，你們從自己國家股票上獲得的成果，從全球金融市場的角度來看，其實只有一點點。

資產管理對還能工作的世代來說，非常重要。尤其是越年輕的世代，就算每個月都確實儲蓄，退休後需要的資金還是不夠。**與其說資產管理是讓生活更富足的一種選擇，不如說是為了保障生活的一種必備技能。**日本的薪資無法提升，和日本經濟持續低迷密切相關，因此只投資日本股票，等於是在拚一場效率不好的勝負。

請各位將以上這些論述列入考量，並建構出適合自己的資產組合。建議大家不必一開始就追求完美，只要反覆嘗試，慢慢做出自己的投資判斷就好。

任何人都是從投資新手開始，只要不怕失敗、持續學習，總有一天會感受到，自己的資產組合和投資哲學漸漸趨於一致。這才是你向大投資家邁進的時候。

訣竅6

看懂題材與故事，就知道股價會「上漲或收斂」到多少

勝利的投資人和失敗的投資人，差別主要在於他們的投資心態。

我最想透過本書告訴大家，**信念和忍耐力在投資時是絕對必要的，甚至比技術或經驗都還重要。**

將人們容易因為投資心理而犯下的錯誤，想成是談戀愛，或許比較好理解。

總歸來說，失敗的投資人只看外表，他們採取行動時，不會看公司的業績（基本面），只看股價的變動。只有外表、沒有內涵的美女，就像被投機客炒作而暴漲的股票，雖然這些投資人對它們投懷送抱，最後他們會發現，自己只是單方面在包養它們，不得不黯然退出市場。這是一場妄想的單戀，他們不但無法看穿對方的謊

言，還妄想自己和對方是兩情相悅，只看得見對自己有利的那一面。之後，即使突然被對方甩掉，他們也不願拉下臉來承認，反而追得比之前更積極，讓自己傷得更深。最後非得承認自己被甩時，卻又突然由愛生恨，將所有持股全部拋售。這時候，股價也正好跌到最低點。

人們經常說，股市行情裡彷彿住著牛（積極派）和熊（消極派）兩種動物。積極派的牛會用尖角將行情往上頂，消極派的熊則會用利爪將行情掃光。然而，行情裡其實還住著另一種動物，那就是羊（失敗的投資人）。

失敗的投資人，會在牛與熊的激烈纏鬥中來來回回，然後變成牠們眼中好騙的肥羊。

勝利的投資人，會用和羊相反的構想與市場對峙。**他們會仔細觀察一家企業的內在，用寬廣的視野做出合理判斷**。他們注意的，不是市場上的傳聞或他人的意見，而是有沒有違反自己的投資哲學。當行情變動越快，他們會將自己的視野擴展得越大，思考和行動的速度則變得越慢。當行情變動得越慢，他們的思考與行動則變得越快。

股市行情因為無法預知，每個月都會發生一些小衝擊。很多失敗的投資人，都是因為在這種行情波動裡變得感情用事，無法做出合理的判斷。**勝利的投資人則知道，股價最後一定會收斂到公司未來現金流量的現值。有時間做他們的幫手，只要等待公司的價值提升就好。**

大部分媒體或網路上的資訊，都只著眼於當前的事，例如：「美國就業統計可能低於預期」、「中國大陸的製造業採購經理人指數（PMI）有惡化的風險」等等，雖然大多是沒什麼影響力的事，卻故意拿它們大作文章，高估它們的風險。

這樣的聲音其實只是一種噪音。因為我們永遠站在時間的最前端，要想像未來的方向，必須花費一定的心力。

當我們驚覺到時，可能會發現自己都在想下個月、下週，甚至是明天的事。這時請大家記得，投資一定要具備信念和忍耐力。即使你現在腳下一片黑暗，請不要忘了，當你往未來前進時，一盞名為「信念」的燈將會慢慢亮起。**只要你投資的企**

業業績沒有不如預期，就沒有必要做出任何改變。

股票的英文是Stock，這個字也有儲蓄和庫存的意思。股神巴菲特曾經說過：「在能接受的價格下買進股票，不需要思考何時賣出。」**資產管理成功的人和失敗的人，差別就在於能累積多少這樣的股票。**有時，股市之神很壞心，想測試看看你的耐力。這種時候，請你將本書再多讀幾遍。

在大風大浪不斷的股市行情中，最後能獲得祝福的，就只有真正的投資人而已。

真正的贏家，懂得金錢與人生的價值

如果有人問你：「為什麼你想成為有錢人？」你能夠立刻回答嗎？

「不必每天辛苦工作，住在豪宅裡，把自己打扮得漂漂亮亮，吃遍世界美食……。」可是，你想過自己未來的目標是什麼嗎？

自從我遇到在馬來西亞的貧苦家庭長大，後來在華爾街十分活躍的傑出基金經理人M之後，我也開始思考這個問題。

M從小為了替長年生病的母親賺取醫藥費，幫忙附近的鄰居做事賺錢。因為他家在一個貧窮的村莊裡，他的鄰居絕對稱不上有錢，只是很多鄰居都很善良，願意給他工作，有時還送給他食物或藥品。M長大後非常努力讀書，取得了美國常春藤盟校的MBA（企管碩士），然後在華爾街當投資客，獲得優秀的成績。

如此年輕就成為富翁的他卻突然引退，用他所有的資產，在馬來西亞成立一個基金。這個基金專門援助貧困家庭的孩童，提供醫藥費和學費，並且以「該孩童將來成為有錢人後，必須將錢提撥到基金裡」作為援助的條件。

此外，在這個基金的特別條例裡，記載了所有在孩童時期幫助過M的人，這些人生病時的醫療費用，由這個基金全數支付。他從未忘記村人對他的恩情，把回報他們當作自己的人生目標。

任何人的人生都只有一次。幾乎所有人都是到了人生的七局下半，才察覺到這件事。

對M來說，人生最美好的時光，就是雖然貧窮，卻被家人和鄰居用愛包圍著的那段平凡生活。他領悟到，無論自己獲得多少的財富或名聲，就算站上了原本以為很遙遠的那座山頂，這世上還是沒有任何東西比那段日子更珍貴。他在人生的巔峰離開華爾街，目前在家鄉從事基金經理人的工作，領基金給他的薪水，同時也回到學校裡攻讀醫科。

某天，當我和M在咖啡廳裡聊天，說到我從失敗經驗中領悟投資人應該要知道的潛規則時，M突然從他的包包裡拿出一本又厚又舊的筆記本，開始做起筆記來。雖然M已經算是最有實力、成績最好的頂尖投資人，他依然虛心學習，所有事都要了解到自己能接受為止。

M說那本早已寫得密密麻麻的筆記本，是他過世的母親送給他的禮物，我看著那本筆記本對他說：「這就像是你的聖經呢！」他珍惜地摸著筆記本的封面，回答我：「不，豈止如此！」當時那幅景象，到現在我還記得很清楚。

關於開頭提到的那個問題：「為什麼想成為有錢人？」我最後的答案應該是：「因為我想擁有一段美好的人生。」

不過，金錢和美好人生，有時不一定會在同一條路上。這世上多的是有錢卻不幸福的人。

為什麼這種人會這麼多？因為他們不知道自己成為有錢人之後，人生還有什麼價值。

M用他從投資上獲得的龐大資產，讓他重視的人獲得幸福，並得到新的財富。每當看到那些他透過基金幫助的人們展開笑顏，他的人生就更充滿價值。

我相信，**一位投資人的最高境界，就是不僅懂得金錢的價值，也明白人生的意義。**

重點整理

- ☑ 估算進場時機，除了看基本面，也看三種技術指標。
- ☑ 投資持續成長的公司，就沒有必要想什麼時候賣。
- ☑ 越短期的投資，越接近投機，交易得越頻繁，勝率也就越低。
- ☑ 建構投資組合時，首要看重企業的軟實力。
- ☑ 持有國外的股票與債券，是分散風險的好方法。
- ☑ 小松原周的不敗投資術：看懂股票背後的題材與故事，就能做出合理的判斷。

編輯部整理

後記
正因為股票背後充滿故事，投資更顯魅力

最後，說一下我認為的股票投資魅力。

因為專科只讀了一年就輟學，我並沒有上過大學。然後，我二十二歲開始打工和投資股票之前，都在玩線上遊戲，所以中間大約有四年的空白時間。後來，我卻賺了二十五億日圓，進入資產管理公司上班，體驗了法人的工作，甚至出了這本書。如果我沒有遇見股票，這些奇蹟般的事都不會發生。很多人甚至是領到退休金之後，才想到要進行資產管理，而我卻這麼年輕就認識股票投資，我敢肯定，這絕對是我人生最大的幸運。

當然也有人因為投資股票，在金錢和精神方面受到重大打擊，人生變得殘破不堪。但是，只要各位學會與投資相處的正確方式，即使金錢減少了，應該也能得到

許多其他收穫。

現在的我，對股票以外的金融商品完全不感興趣。這一定是因為我從股票投資上感覺到溫度。我為了增加自己的資產，對企業的業績進行投資，而創造出這些業績的，是企業的員工。正因為業績是由人們的經營所創造出來，當中才有這麼多的故事和戲劇性。相較於匯率、期貨、選擇權這些沒有生命的東西，股票裡蘊含真實的人性，以及人們創造出的歷史，讓我感受到極大的魅力。

因此，我今後還是會繼續投資下去。我想看看日本股市三千五百家上市企業，會編織出怎樣的歷史，同時也滿心期待從未見過的新企業出現。

希望各位讀者都能以本書作為出發點，和我一起感受這種投資的魅力。

片山晃

NOTE

NOTE

NOTE

國家圖書館出版品預行編目（CIP）資料

如何看懂一支股票的題材&故事：讓他在10年內，從20萬變8億？
／片山晃，小松原周著；易起宇譯. -- 臺北市：大樂文化，2018.04
面；　公分. --（Money；18）
譯自：勝つ投資 負けない投資
ISBN 978-986-93150-6-7（平裝）
1.股票投資　2.投資技術　3.投資分析
563.53　　　　105012777

Money 018

如何看懂一支股票的題材&故事
讓他在10年內，從20萬變8億

作　　者／片山晃、小松原周
譯　　者／易起宇
封面設計／江慧雯
內頁排版／顏麟驊
責任編輯、圖書企劃／張硯甯
主　　編／皮海屏
發行專員／劉怡安
會計經理／陳碧蘭
發行經理／高世權、呂和儒
總編輯、總經理／蔡連壽
出 版 者／大樂文化有限公司（優渥誌）
地址：臺北市 100 衡陽路 20 號 3 樓
電話：（02）2389-8972
傳真：（02）2388-8286
詢問購書相關資訊請洽：2389-8972
郵政劃撥帳號／50211045　戶名／大樂文化有限公司

香港發行／豐達出版發行有限公司
地址：香港柴灣永泰道 70 號柴灣工業城 2 期 1805 室
電話：852-2172 6513　傳真：852-2172 4355

法律顧問／第一國際法律事務所余淑杏律師
印刷／韋懋實業有限公司

出版日期／2016 年9月5日
　　　　　2018年4月26日二版
定價／300元（缺頁或損毀的書，請寄回更換）
I S B N　978-986-93150-6-7

大樂文化